TOMAS DE NIERO

TOMAS DE NIERO

GEDANKEN IM KOFFER RAUM

MEINE FLUCHT AM CHECKPOINT CHARLIE

EDEL

Edel Books
Ein Verlag der Edel Germany GmbH

Projektkoordination: Dr. Marten Brandt
Layout und Umschlaggestaltung:
Groothuis. Gesellschaft der Ideen und Passionen mbH | www.groothuis.de
Satz: Kathleen Bernsdorf, Berlin
Druck und Bindung: optimal media GmbH, Glienholzweg 7, 17207 Röbel/Müritz

Printed in Germany

ISBN 978-3-8419-0387-7

Du wirst haben eine Zeit,
wo der Glaube zu dir kommt
und bleiben wird wie eine Geliebte.
TOMAS DE NIERO

Dieses Buch ist all denen gewidmet, die ich liebe.
Und all denen,
die es geschafft haben, mich zu lieben.
Und Elke.

Insbesondere aber meinen Kindern Melanie, Nathalie und Daniel.

PROLOG

12. Dezember 1974
Es ist dunkel in Westberlin. Eine Person schleicht zum Briefkasten, sieht sich dabei nervös um. Ein Brief gleitet durch die zittrigen Finger. Die Person zögert kurz, dann wirft sie den Brief ein. Anschließend verschwindet sie unerkannt in der Dunkelheit.

Am 20. Dezember 1974 geht in der Verwaltung für Staatssicherheit Groß-Berlin, Abteilung VII (Abteilung zur Überwachung des Grenzverkehrs), ein Schreiben aus Westberlin ein. Dorthin weitergeleitet wurde es von Oberst S. aus der Abteilung M zur Überwachung des Postverkehrs.

Im Begleitschreiben ist von einer »operativ-bedeutsamen Briefsendung« die Rede:

Durch unsere Abteilung wurde eine Briefsendung ohne Absenderangabe
Empf.: Polizeirevier
Prenzlauer Allee
Berlin-Ost
im Posteingang aus Berlin-West festgestellt.
Die Sendung wurde wegen Hetzverdacht geöffnet.

Der Inhalt des handschriftlich verfassten Briefes lautet:

Berlin, den 12.12.1974
An das Pol. Rev.
Prenzlauer Allee:
Frl. Walusch Friedrich
1055 Berlin, Prenzlauer Allee 48 bereitet seit vielen Wochen, mit Hilfe ihrer ausländischen Freunde und ihrer Mutter, die Übersiedlung nach West-Berlin vor.

20. Januar 1975
In der Abteilung VII wird als Folge des Schreibens unter der Tgb.-Nr. 1057/75 ein erster vierseitiger Ermittlungsbericht erstellt.

Am 26. Februar 1975 berichtet der ehemalige Leiter der Diensteinheit VIII, Gen. Oberst S., ausgiebig von seiner Begegnung mit der Frau F. in einer Gaststätte.

Am 4. April 1975 wird ein Mieter des Hauses, ein Nachbar der Friedrich, befragt. Er bietet seine Mitarbeit sogar freiwillig an. Da er momentan ohnehin krankgeschrieben sei, könne er sich die Autonummern der Besucher gerne notieren. Der Mieter soll in zwei Wochen wieder befragt werden.

Im April 1975 schickt die Stasi einen inoffiziellen Mitarbeiter (IM) zu Frau Waltraud Friedrich in die Prenzlauer Allee 48.

Oberstleutnant N. aus der Abteilung XX/3 vermerkt am 7. Mai 1975:

Information
Eine zuverlässige Quelle berichtete:
Am 14.4.1975 besuchte die Quelle auftragsgemäß die »Valluscha Friedrich« in ihrer Wohnung. Der IM traf in der Wohnung einen ihm namentlich nicht bekannten Guinesen aus Westberlin und eine Guinesin aus der Hauptstadt, von der ihm der Name ebenfalls nicht bekannt ist, an.

Später kam der jetzige Geschäftsführer der Westberliner Gaststätte »Tamtam« hinzu.

Aus der Unterhaltung mit der Friedrich ging hervor, daß sie ein festes Verhältnis mit dem Michele [dem Geschäftsführer des Tamtam, Anm. d. Verlags] *unterhält und daß er sie mindestens einmal in der Woche in der Hauptstadt besucht.*

Aus der Unterhaltung mit Michele ging hervor, daß er in der Sowjetunion Rechtswissenschaften studiert hat. Zur Sowjetunion hat er eine negative Meinung. Er erklärte dem IM, daß sich die Russen schlecht zu fremden Menschen verhalten. Der IM versucht mit ihm ein persönliches Gespräch zu führen. Dabei kam er zu der Einschätzung, daß Michele in dieser Beziehung harmlos ist. Am 21.4. besuchte der IM die Friedrich wieder. Michele wurde an diesem Tag gegen 20.00 Uhr erwartet. Aus der Unterhaltung mit der »Friedrich« ging hervor, daß jeweils montags Schließtag in der Gaststätte in Westberlin ist und sie zu diesem Zeitpunkt in die Hauptstadt kommt.

An diesem Tage erzählte die Friedrich dem IM, daß ihre Mutter aus Westberlin in die Hauptstadt gekommen ist. Anzeichen für eine beabsichtigte Republikflucht konnte der IM nicht feststellen.

N.

Oberstleutnant

Dieser Bericht entstand einen Tag vor unserem ersten Fluchtversuch, fast fünf Monate nachdem der Brief eingeworfen wurde.

Wer war die Person, die, aus dem sicheren Westberlin heraus, einen derartigen Denunziantenbrief verschickte und damit billigend in Kauf nahm, dass jemand deshalb ins Gefängnis kommt?

Nur gut, dass meine Mutter und ich zu diesem Zeitpunkt von alledem nichts wussten.

VOLLES RISIKO

16. Mai 1975 irgendwo in einem Wald in Berlin-Buch

Da liegen wir nun, Mama und ich, endlich! Es ist dunkel und gespenstisch still hier drin. Am vergangenen Donnerstag standen wir schon einmal im Wald, im wahrsten Sinne des Wortes, zum Einsteigen bereit, aber der Botschafter kam nicht. Ein Schock. Unverrichteter Dinge hatten wir wieder nach Hause fahren müssen. Sieben unendliche Tage und vor allem schlaflose Nächte lang warteten wir auf den zweiten Versuch. Bei jedem Klingeln an der Tür dachten wir an Verrat, Stasi und Gefängnis.

Aber nun ist es soweit, wir gehen volles Risiko, sind in den Kofferraum gestiegen, endlich geht es los.

Es ist verdammt eng in dieser Westkarre, ganz anders als ich mir das vorgestellt habe. Ich kann Mamas Angst förmlich riechen. Sie liegt auf der linken Seite und ich direkt hinter ihr, in grotesker Löffelchenstellung, wie tot. Ihr Gesicht ruht auf meinem ausgestreckten rechten Arm. Keinen Laut dürfen wir von uns geben, die ganze Zeit über nicht. Dabei wissen wir nicht genau, wie lange das alles dauern wird. Und was werden wir wohl zu Gesicht bekommen, wenn sich der Kofferraum wieder öffnet? Einen Vopo mit einer Maschinenpistole im Anschlag? Einen chronisch unterfütterten deutschen Schäferhund? Oder aber das mutige Gesicht des Botschafters, der jetzt hinterm Steuer sitzt und aus Verehrung für meine Mutter das Risiko eingegangen ist, bei unserem

Fluchtversuch das Auto selbst zu fahren? Wir können, nein, wir dürfen uns nicht bewegen – aber unsere Gedanken gehen spazieren!

Die Gedanken sind frei, wer kann sie erraten,
sie fliegen vorbei, wie nächtliche Schatten.
Kein Staat kann sie wissen, kein Vopo erschießen,
es bleibet dabei: Die Gedanken sind frei!

Das geht mir ungefragt durch den Sinn, oft hatte ich es von meinem Vater genau so, als sarkastische Parodie, gehört.

Das war eine alte Tradition in meiner Familie, fast jedes Lied und jedes Gedicht wurde von meinem Vater, wenn er sich in entsprechender Laune befand, mit eigenen Texten versehen.

Meine Mutter vor mir in dem viel zu kleinen Kofferraum macht sich ihre unruhigen Gedanken, was ich daran bemerke, dass sie sich kaum spürbar bewegt, ständig an anderen Stellen ihres Körpers leicht zuckt.

Ich hätte nie gedacht, dass es so eng ist hier drin. Mein Gott, brummt mir der Schädel, aber jetzt ist es zu spät, irgendetwas zu bereuen!

Bin ich überhaupt noch eine Mutter, in dieser Stunde? Für Tommy hier sicherlich noch, aber für Peer und Dirk, meine anderen beiden Söhne? Warum kommt mir ausgerechnet jetzt meine Tochter Tanja in den Sinn, die ich durch eine Krankheit im Alter von knapp drei Jahren verloren habe? Verliere ich heute wieder ein Kind? Oder alle? Oder verlieren sie heute ihre Mutter? Gut, ich musste mich entscheiden, einer kann nur mit. Aber wählen Sie mal zwischen drei Söhnen aus, entscheiden Sie mal, wer vielleicht gemeinsam mit Ihnen bei der Flucht erwischt wird. Dann haben Sie ihr eigenes Kind auf dem Gewissen! Und damit nicht genug, die anderen beiden, die aus Platzmangel nicht mitkönnen, was wird wohl aus denen? Peer, tja, der ist achtzehn, da kann er schon allein laufen. Oder? Und Dirk, gerade mal fünfzehn Jahre alt? Wer-

den sie das je verkraften, die beiden, je verstehen oder mir sogar irgendwann verzeihen können? Vielleicht kann ich sie später nachholen? Oder freikaufen?

Bin ich eine gute Mutter?

Klar bin ich das. Habe ich nicht die Kinder aufgezogen, fast ganz ohne Vater, der fast nie zur Verfügung stand? Dieses versoffene Genie! Egal, geliebt habe ich ihn, und wie. Dreizehn chaotische Jahre lang, na ja.

Bin ich eine gute Mutter?

Nein, in diesem Augenblick bin ich eine gottverdammte Egoistin! Ich will hier nur noch raus, aus der »größten DDR der Welt«, die Panik treibt mich, die Angst, hier im Osten nie Künstlerin sein zu dürfen. Und zwar so, wie ich es verstehe. Die DDR ist für mich ein böser Staat – aber mit unheimlich vielen guten Menschen darin. Die sind hier eingesperrt, werden bespitzelt, werden gegeneinander ausgespielt und gequält oder aber einfach ignoriert. Einfach weil sie gute Menschen sind. Eine Diktatur bekämpft immer die Guten, die Bösen sind die Diktatur! Was denke ich hier nur für einen Mist. Na ja.

Und die Liebe treibt mich. Michel ist ein so zauberhafter Mensch.

Er lebt in Westberlin und ist Geschäftsführer eines meist von Afrikanern besuchten Nachtclubs. Er stammt aus Kamerun, hat in Moskau Jura studiert und ist dann, statt nach Hause zurückzukehren, in Westberlin geblieben. Als er vor mir stand, da wusste ich sofort, das ist er, der, auf den eine Frau wie ich eigentlich wartet. Der, der von der ersten Sekunde an passt, in allen Dingen. Gott, ich klinge ja wie eine fünfzehnjährige Göre!

Aber er liebt mich so, wie ich bin. Und klar, er hat die Möglichkeit, dank seines Botschafter-Freundes, der mit seinem diplomatischen Status am Checkpoint Charlie Immunität genießt, einfach so von Ost nach West und zurück zu fahren. Am Checkpoint Charlie dürfen nur Ausländer und Diplomaten die Grenze überqueren. Sein Wagen darf nicht kontrolliert werden. Sagt er, der hagere, fast zwei Meter große Diplomat. Nun fährt »Vater«, wie wir ihn während der ganzen Zeit der Vorbereitung unserer Flucht konspirativ nennen, mit uns als heimlicher Fracht zu eben diesem Checkpoint Charlie. Und mein Michel wartet auf uns in Westberlin …

Ich spüre, wie die Nervosität meiner Mutter vor mir zunimmt, und bin versucht, sie leise zu beruhigen, lasse es aus naheliegenden Gründen aber sein, drücke nur leicht ihre Schulter.

Plötzlich bleibt der Wagen stehen. Ist es schon vorbei, hat uns die Polizei am Wickel? Gefühlte Stunden vergehen.

Dann fährt er wieder an, er fährt!

Wahrscheinlich nur eine rote Ampel.

Apropos rot, wie die Liebe. Meine Freundin Sabine wird zu uns in die Wohnung kommen und nach mir fragen, und Oma wird ihr wie aufgetragen sagen, dass ich mit Mama übers Wochenende einen Grafiker-Kollegen bei Berlin besuchen bin. Sie wird sich fragen, warum ich sie dann zu mir bestellt habe, für heute Abend. Aber das musste ich doch, um alles ganz normal aussehen zu lassen. Ich werde Sabine wohl nie mehr wiedersehen. Das tut weh, denn ich liebe sie sehr. Ich sehe sie ganz klar vor mir, ihre schönen Augen, ihre herrlichen Brüste ...

In Sabine war ich meine gesamte Schulzeit hindurch verliebt. Außer in der zweiten Klasse, da besuchte ich mit meinen Brüdern ein Schuljahr lang eine andere Schule. In diesem Jahr waren wir in einem Heim untergebracht. Eine furchtbare Zeit, und ich weiß bis heute nicht genau, warum unsere Eltern uns da abgaben. Mama hatte lediglich gesagt, sie müsse in Leipzig auf der Messe einen Stand bauen und unser Vater sei auf Tournee! Ich habe nie wieder nachgefragt, habe es lieber verdrängt. Denn nichts in meiner Kindheit habe ich düsterer, beklemmender und angstvoller in Erinnerung als diese Zeit ohne die Vertrautheit unserer Wohnung, ohne Mamas Nähe.

Mein Bruder Peer, der immer gut hinzulangen wusste, hat mich und Dirk im Heim so gut er konnte gegen die anderen Kinder verteidigt. Die meisten von denen waren so was von gestört.

Das Heim, das Mama uns gegenüber Kinderhotel nannte, lag in der Eberswalder Straße, ein roter Backsteinbau, unweit der Mauer. Im

Nachbarhaus befand sich eine Art Storchennest aus Stein mit Glasscheiben auf dem Dach. Von hier aus beobachteten Grenzsoldaten die Mauer. Auf der anderen Seite, also der Westseite, hatte man an der Demarkationslinie, wie die Mauer im Westen genannt wurde, einen Hochstand errichtet, auf dem wiederum Westberliner und Touristen einen Blick über die Mauer hinein in das finstere Ostberlin werfen konnten. Man wurde bestaunt wie im Zoo.

Es ist schon erstaunlich, was das Gedächtnis alles so an Müll verschluckt! Jetzt, wo ich über das beschissene Heim nachdenke, treten Bildfetzen des Schlafsaales, Geruchsspuren der ekligen Küche und die Fratzen einiger Erzieher vor mein geistiges Auge. Ich sehe alles aus einem kindlichen Blickwinkel. Unscharf, unwirklich, übergroß, alles in einem bedrohlichen Grau. So ist das halt mit dem Kopfkino: Führt man Regie, ist alles cool, aber wenn Dinge ungefragt auftauchen und man zu einem passiven, meist erstaunten Zuschauer wird, dann ist es mitunter die Hölle!

So ist wahrscheinlich das ganze Leben, mal ist man ein Blatt im Wind und kann nichts dagegen unternehmen, ein anderes Mal ist man der King of the Road. Dieses Scheißheim war wirklich das Schrecklichste …

MAMA SCHLÄFT

Nein, es gab doch etwas noch Bedrückenderes, Schmerzhafteres als dieses »Ausgeliefertsein« an völlig fremde Menschen in einem Kinderheim, an Erzieher, die uns den ganzen Tag herumkommandierten.

Die Erinnerung kehrt zurück, unvermittelt und mit aller Macht, hier in dieser Blechkiste, gefangen im Niemandsland zwischen den Welten. Und mit der Erinnerung kommt der tiefe Schmerz zurück, Hand in Hand mit der Verzweiflung.

Ich war etwa neun Jahre alt und schwänzte die Schule. Das heißt, ich war schon auf dem Weg dorthin, ließ mich aber von einem anderen Jungen überreden, zum Nordmarkplatz an der Prenzlauer Allee zu gehen, wo wir uns immer herumtrieben, Fußball spielten und Mädchen beobachteten.

Damit meine Mutter nichts von meiner selbst gewählten Schulfreiheit merkte, ging ich zur gleichen Zeit wie sonst nach Hause, so als wäre die Schule gerade vorbei.

Ich betrat die Wohnung, bog zunächst links ab in die Küche, da war aber niemand, lief den langen Flur hinunter zum letzten Zimmer, meinem Kinderzimmer. Das heißt, eigentlich war es nicht allein meins. Da für uns drei Jungs nur zwei Kinderzimmer vorhanden waren, konnte immer nur einer allein in dem einen wohnen, die anderen beiden mussten sich notgedrungen das andere Zimmer teilen. Das wechselte sich ab, je nach Lage der Dinge. Die Entscheidung darüber, wer für sich sein durfte, fällte Mama als Alleinherrscherin. Wer also besonders artig gewesen war, kam in den Genuss des Einzelzimmers, oft aber verdankte man den Luxus auch der simplen Tatsache, dass die anderen beiden etwas ausgefressen hatten oder man selbst nicht erwischt wurde.

Nachdem ich meine Schulsachen abgestellt hatte, ging ich ins Atelier meiner Mutter, in dem sich ein großes Kanapee befand. Mama hatte eine große Schwäche für Antiquitäten, und dieses Sofa hatte sie vor Jahren einer alten Dame aus der Greifswalder Straße abgekauft. Die Wohnung war voller alter Dinge. So gab es zum Beispiel einen alten Sekretär, angeblich aus dem neunzehnten Jahrhundert, mit einem richtigen Geheimfach. Das Schmuckstück der Wohnung war ein alter, majestätischer Bibliotheksschrank aus massivem Holz mit bunten in Blei gefassten Glasscheiben, dem gegenüber Mamas Bett stand. Der Schrank war so schwer, dass es vier Männer brauchte, um ihn zu bewegen. Das wusste ich, da meine Eltern eines Nachts auf die Idee gekommen waren, den Schrank ein Stück weiter nach rechts zu verrücken, um die bisher verdeckte Tür zum Nebenzimmer zugänglich zu machen. Wir Kinder wurden von einem Riesenknall wach und stürmten in das Wohnzimmer. Das Bild, das sich uns bot, war grotesk. Mein Vater und drei seiner Freunde hatten auf Anweisung meiner Mutter Kartoffelschalen unter die Füße des Schrankes geklemmt, um das Monster leichter bewegen zu können. In alkoholisierter Bestlaune war ihnen dies auch mehr als gelungen. Der Schrank war in einem Rutsch in den wirklich schönen Kohleofen in der Ecke gerauscht. Er stammte noch aus den Dreißigerjahren. Nun war er ein Trümmerhaufen, und alle fünf Erwachsenen ebenso wie die Möbel im Zimmer waren mit Ruß bedeckt.

Ich fand meine Mutter angezogen auf dem alten Bett liegend. Sie starrte merkwürdig abwesend auf den Bibliotheksschrank, und ich wunderte mich, was es da zu sehen gab. Außer mir war niemand weiter in der Wohnung. Ich sprach sie an, aber sie reagierte nicht. Ich rüttelte sie am Arm. Ein ungutes Gefühl kam in mir hoch und wurde zu einer ausgewachsenen Panik. Ich schrie sie verzweifelt an.

»Mama!«

Keine Reaktion. Ich rannte zu einer Nachbarin. Sie besaß ein Telefon und rief Mamas Freundin Karola, eine Ärztin, an. Karola kam so schnell sie konnte aus dem Krankenhaus Friedrichshain zu uns in die Wohnung. Sie lieferte Mama sofort ins Krankenhaus ein.

Mir war das alles unglaublich peinlich. Die lieben Nachbarn hatten auf dem Weg zum Krankenwagen ein Spalier gebildet und mutmaßten über Tod und Verbrechen. Es habe ja so kommen müssen, diese Künstler, der Alte habe sie vermutlich im Suff erschlagen, und dergleichen Bemerkungen mehr.

Karola war meine Patentante, bei der ich unregelmäßig an Wochenenden übernachtete. Sie selbst war kinderlos und steckte all ihre Mütterlichkeit und Liebe in mich. Und sie hatte etwas, was in meiner Kindheit eher selten war: einen immer randvollen Kühlschrank. Es war das Paradies. Denn zu Hause bestimmte mein Bruder Peer über die Essensverteilung. Bis Dirk sich darüber einmal richtig lange beschwerte. Daraufhin entschied Mama, einer von uns sollte immer teilen und einer der anderen konnte sich als Erster seine Portion aussuchen. Wie durch Zauberhand konnten Peer, Dirk und ich auf einmal chirurgisch genau jede Art von Speise schneiden. Mama hatte es faustdick hinter den Ohren!

Nun saß ich mit meiner Lieblingstante in unserer Küche.

Links stand ein riesiger Bauerntisch, an dem alle Platz hatten. Mama legte immer sehr viel Wert darauf, dass wir, egal wie viel oder auch wenig es zu essen gab, möglichst vollzählig an den Mahlzeiten teilnahmen. Es wurde so gut wie immer eingedeckt, Mama hatte ein herrliches blaues Zwiebelmustergeschirr und achtete von Anfang an auf gute Tischmanieren. Rechts in der Ecke stand ein alter Gasherd, an den sich eine kleine türlose Kammer anschloss, in der sich unser kleiner

Kühlschrank befand. Die Regale und ein alter Schrank auf der anderen Seite waren von meiner Mutter handbemalt, meist mit Blumenmotiven. Das konnte sie gut. Die Zeiten, in denen es reichlich zu futtern gab und es uns gut ging, verdankten wir dieser Begabung unserer Mutter. Sie bemalte Bauermöbel, Kerzenleuchter und Holztruhen verschiedenster Größe für eine PGH, eine Produktionsgenossenschaft des Handwerks. In PGHs waren Handwerker zusammengeschlossen und stellten verschiedenste Dinge her.

Eigentlich hätte sie lieber ihre Grafiken und Ölbilder ausgestellt, aber das war nicht so einfach, wenn man nicht Mitglied der SED war. Auch wir Jungs wurden teilweise in die Massenproduktion eingebunden. Die PGH lieferte uns zum Beispiel Kerzenleuchter aus Holz ins Atelier. Diese wurden von einem von uns Jungs vorgestrichen, meist in einem herrlichen Bordeauxrot, und dann, nachdem sie getrocknet waren, von Mama in Affengeschwindigkeit bemalt. Das machte sie aus dem Handgelenk. War die Bemalung getrocknet, kam noch eine Lasur drauf. Die stank bestialisch, und so war der Job bei uns sehr umstritten. Es gab in ihrem Leben aber auch immer wieder künstlerisch wertvollere, jedoch nahrungstechnisch ärmere Zeiten.

Mama lag im Krankenhaus. Tante Karola versuchte mir zu erklären, was geschehen war, dass Mama sehr müde wäre und sonst nichts weiter. Ich verstand nur Bahnhof. Meine Brüder, die später hinzukamen, wurden ebenfalls schonend unterrichtet. Komischerweise schweißt das sofort zusammen. Wir drei saßen bis tief in die Nacht im Balkonkinderzimmer und rätselten über zwei Dinge: Was für eine Krankheit hatte Mama denn nun? Und wo war eigentlich unser Herr Vater?

Uns Kindern blieb das Verhältnis meines Vaters zu anderen Frauen nicht verborgen, das, sagen wir mal, ein sehr offenes war, was Mama natürlich nicht sonderlich gefiel. So hatte er beispielsweise ein paar Monate lang eine Frau Schwarz als Sekretärin, mit der er sich gerne in sein

Arbeitszimmer einschloss, um ihr ungestört »diktieren« zu können. Eines Tages verschwand Frau Schwarz unter dem verbalen Donnerwetter meiner Mutter aus der Wohnung und ward nie mehr gesehen.

Meine kleine Kinderseele litt unendlich, als ich den Selbstmordversuch meiner geliebten Mutter durch Gespräche um mich herum langsam zu verstehen begann. Ich war heilfroh, als sie nach ein paar Tagen wieder in ihrem Atelier saß und malte. Wir haben über ihre Verzweiflungstat nie ein Wort gesprochen. Diese Kraft, egal was geschah, ein »Alles ist wieder gut« ausstrahlen zu können, habe ich an ihr immer bewundert. Ich habe das auch gerne und immer sehr schnell geglaubt.

Ich liebe meine Mutter und hänge furchtbar an ihr, auch jetzt, oder besser: gerade jetzt, selbstverständlich ohne ihr das andauernd zu zeigen. Schließlich ist man ja ein Junge! Es gab aber Zeiten, in denen ich meine Zuneigung sehr deutlich demonstrierte. Wenn wir zum Beispiel auf der Straße spazieren gingen, geschah es des Öfteren, dass Kinder und auch Erwachsene ihr nachriefen:

»Guck mal, ist die aber fett!«

Ich regte mich dann immer sehr auf, obwohl Mama versuchte, mich zu beruhigen. Trotzdem lief ich meistens zu den Lästerern hin und schrie: »Meine Mama is nicht fett, sie is *vollslank*!«

Das hatte mir Oma mal so erklärt. Meist lachten die Leute, und ich war unglücklich. Vielleicht lachten sie auch über meine hohe Operettenstimme oder meinen kleinen Sprachfehler, den ich durch einen nach vorne ragenden Vorderzahn hatte.

Einmal ging so ein Kerl auf meine Mutter zu und brüllte ihr mitten ins Gesicht, sie sei selbst schuld und solle nicht so viel fressen. Da bekam ich einen hysterischen Anfall und trat ihm voll in die Eier.

MEINE ERSTE GROSSE LIEBE

Ab der dritten Klasse wohnten wir wieder zu Hause und besuchten auch wieder die 18. Oberschule in der Christburger Straße. Und ich konnte wieder verliebte Blicke auf Sabine werfen.

Sie war blond und süß, und ich stand schon seit der ersten Klasse auf sie, hatte sie aber nie zur Freundin bekommen. Doch vor einigen Wochen hatte es nach fast elf Jahren Schwärmerei auf einer Fete plötzlich gefunkt.

Niemand war darüber überraschter als ich. Viele Jahre lang war ich ihr nach der Schule gefolgt, war wie ein läufiger Hund die Straße, in der sie wohnte, auf und ab gelaufen, wieder und wieder, nur damit sie mich vielleicht ein einziges Mal vom Fenster aus bemerkte. Auch mein kleiner Bruder Dirk musste mit ran: Damit ich nicht allzu sehr auffiel, zwang ich ihn, die Strecke mitzulaufen und ab Sichtweite ihres Hauses angeregte Gespräche über dies und das mit mir zu führen. Dirk nahm mir das sehr übel und fühlte sich ausgenutzt. Verständlich, so im Nachhinein.

Sabine blieb mein Interesse natürlich nicht verborgen; sie spielte Spielchen mit mir, die ich mir alle gefallen ließ. Oft machte sie mich eifersüchtig und verschwand mit anderen Jungen. Zum Beispiel mit Frank.

Frank war ein Freund meines Bruders Peer und schon ein paar Jahre älter als ich. Als Sohn eines hohen Offiziers und einer Mutter, deren Tätigkeit sie auch ins Ausland führte – sie hatte mit Außenhandel zu tun –, war er materiell sehr verwöhnt, was ihn aber nicht, wie man vermuten könnte, irgendwie zufriedener machte, im Gegenteil. Er war mit großer krimineller Energie ausgestattet und hatte immer ein langes Tauchermesser in der Hosentasche, aber es gab in der DDR ja keine Kriminalität, sondern nur beim kapitalistischen Klassenfeind. Ausgerechnet jener Frank verknallte sich in meine Sabine.

Und die blöde Kuh ließ sich auch noch auf ihn ein! Frauen lieben immer die bösen Jungs.

Sie gingen nun schon einige Wochen miteinander. Ein unerträglicher Schmerz! Ausgerechnet der. Da ich aber große Angst vor ihm hatte, machte ich mit bei einem seltsamen Spiel, das Frank sich ausgedacht hatte.

Frank postierte sich mit dem Feldstecher seines Vaters im Dachgeschoss des Hauses gegenüber von Sabines Wohnung und schickte mich dann zu ihr. Ich sollte Zeit mit ihr verbringen, möglichst nah am Fenster, damit er feststellen konnte, ob sie ihm treu bliebe. Unfassbar eigentlich.

Sabine machte Rühreier. »Möchtest du was trinken?«, fragte sie mich und wies auf eine Sammlung kleiner Bols-Fläschchen in einem Karton. Westware! Ich war gerade zwölf geworden, wollte aber natürlich nicht als Schlappschwanz dastehen. Sabine goss alle zehn Fläschchen in einen Bierstiefel, trank selbst einen großen Schluck und reichte ihn an mich weiter: »Auf ex!«

Aus dem Augenwinkel konnte ich Frank sehen, wie er uns mit dem Fernglas aus seiner Dachluke heraus beobachtete. Ich bekam eine derartige Wut, dass ich nicht lange überlegte, das Riesenliterglas ansetzte und es in einem Zug leerte. Mir war sofort schlecht, und ich schaffte es gerade noch aus der Tür. Was weiter passierte, habe ich nur noch dunkel und bruchstückhaft in Erinnerung:

Ich sagte zu Hause meiner Oma kurz Bescheid, dass ich nichts zu Mittag essen würde, und begab mich direkt in die Kneipe gegenüber unserer Schule. Dort rief der Wirt die Polizei. Schemenhaft erinnere ich mich, aus dem Fenster des Polizeiautos gekotzt zu haben. Das Nächste, was ich mitbekam, war, dass meine Mutter bei mir an einem Krankenhausbett saß. Sie holte mich nach Hause, wo ich wieder in erlösende Dunkelheit versank, um erst zwei Tage später wieder zu erwachen. Mama saß wieder vor mir auf dem Bett.

»Hier, trink mal 'nen Schluck, großer Mann!«, sagte sie und hielt mir eine Flasche Wodka unter die Nase. Sofort wurde mir wieder schlecht. Dieser Geruch! Seitdem kann ich keinerlei Schnaps mehr trinken. Ich bin Mama dafür ewig dankbar!

Sabine wiederum, die meine erste und einzige Alkoholvergiftung ja verschuldet hatte, verschwand nach diesem Vorfall. Erst zwei Tage später wurde sie auf dem Dachboden unseres Hauses gefunden. Sie hatte Angst vor der Reaktion ihrer Eltern bekommen, war in angetrunkenem Zustand zu Frank geschlichen und von ihm dort versteckt worden.

Dabei hatte ich mir geschworen, nie mehr ein Krankenhaus zu betreten.

Da war ich im vorhergehenden Jahr ungefähr zehn Wochen lang gewesen, auch so eine merkwürdige Geschichte – und wie alles in meinem Leben kompliziert.

Ich hatte über Nacht große Eiterbeulen an den Armen, später auch an den Beinen und schließlich am ganzen Körper bekommen. Man lieferte mich in eine Station ein, in der sämtliche Patienten, allesamt Kinder, unter Quarantäne standen. Alle Zimmer waren, statt wie üblich mit Wänden, mit Glasscheiben ausgestattet, sodass die Schwestern praktisch aus jedem Zimmer in die anderen sehen konnten. Niemand außer den Schwestern und Ärzten durfte hier herein. Das galt auch für alle Besucher. Da gerade Winter war, stand Mama, als sie mich besuchen kam, in der klirrenden Kälte draußen auf dem Balkon meines Zimmers, und wir sprachen durch das leicht gekippte Fenster miteinander. Anders ging es nicht, und so entließ ich sie meist nach wenigen Minuten aus dieser Qual.

Mama besorgte mir, woher auch immer, ein Radio, eine sogenannte Kofferheule, was mir die Aufmerksamkeit der ziemlich attraktiven Nachtschwester einbrachte, die mit mir in so manch aufregender Nacht heimlich die fröhlichen Wellen von Radio Luxemburg hörte. Das war nicht gerade ein musikalischer Genuss, denn der Sender wurde (von wem auch immer) mit Störsignalen überzogen, sodass die Hits jener Zeit eher aus dem roten Kasten zischten als tönten. Als Entschädigung für den schlechten Ton bekam ich aber ordentlich was auf die Augen. Die Schwester hatte einen ziemlich knappen weißen Kittel an und saß seitlich auf meinem Bett, anfangs. Später legte sie sich auch gerne mal neben mich. Manchmal fielen ihr dabei minutenlang die Augen zu, und ich konnte sie in aller Ruhe betrachten.

Die Entzündungen waren sehr schmerzhaft, niemand wusste so recht, was ich hatte. Also entfernte man mir erst einmal prophylaktisch den Blinddarm. Den brauchte man sowieso nicht, wurde mir erklärt. Aber die Beulen blieben.

Meine Blinddarmnarbe befindet sich fast an der rechten Hüfte, wodurch Mama sich zu der Bemerkung hinreißen ließ: »Na, da war der Kollege Chirurg aber nicht mehr ganz so nüchtern, oder?«

Nachdem der Blinddarm draußen war, entschied man sich, mit den Mandeln weiterzumachen, danach mit den Polypen. Es gab viel Eis nach den Operationen, aber die Beulen blieben.

Danach begann folgende Tortur: Alle zwölf Stunden bekam ich Penicillin gespritzt, um 12 Uhr und um 24 Uhr, genau 112-mal. Das tat unglaublich weh und ließ mich meist erst weit nach Mitternacht einschlafen. Schon vor dem Abendbrot begann ich mich davor zu fürchten. Ähnlich ging es mir vor dem Frühstück mit Blick auf die Mittagszeit.

Tante Karola, die in dem Krankenhaus arbeitete, sah fast täglich nach mir. Das machte die sich zäh hinziehenden Tage erträglicher. Zu Beginn war ich allein in dem Zweibettzimmer, aber nach ein paar Wochen kam ein Junge dazu. Er hatte massive Nierenprobleme und war ziemlich dick, fast jeden Tag musste er zu einer anderen Untersuchung. Wir freundeten uns schnell an, es tat mir gut, mich unterhalten zu können. Die vielen Stunden alleine hatte ich mich ziemlich gelangweilt. Gottseidank gab es wenigstens James Krüss. *Mein Urgroßvater und ich* und »Das Männer-ABC« hatten mich vor dem Langeweiletod bewahrt. Letzteres kann ich noch heute auswendig:

Adam war der erste Mann,
also fang ich mit ihm an.
Brutus fand es gar nicht fein,
zweiter Mann in Rom zu sein …

Schließlich und endlich verschwanden aber die Beulen – ob durch die vielen Spritzen oder wie auch immer. Nach achtzig Fehltagen in der Schule wurde ich wieder ins normale Leben entlassen.

Und ich freute mich auf die Schule – und natürlich besonders auf Sabine!

HABE ICH EINE MACKE?

Wo sind wir wohl gerade? Fahren wir jetzt vielleicht an unserem Haus vorbei, vorbei an dem Schmuckgeschäft »Uhrenengel«, das sich unten im Haus befindet? Vorbei an meinen Brüdern, an Oma, die nicht das Geringste ahnen?

Es riecht plötzlich komisch hier drin. Können die Abgase in den Kofferraum gelangen? Wir halten, ah, vielleicht steht so ein Trabi-Stinker neben uns. Mein Onkel Fritz hat so ein Ding und nimmt uns manchmal mit zum Angeln. Ja, genau so riecht es jetzt hier drin. Wir fahren wieder, und der Gestank verschwindet. Mir tut die ganze rechte Seite weh, auf der ich liege, aber umdrehen geht nicht. Beschäftige dich! Denk über was nach!

Ein bisschen dösen wäre am besten. Nein, lieber nicht, nachher fange ich noch an zu schnarchen und gehe als der dämlichste Republikflüchtling aller Zeiten in die Geschichte ein!

Ein komisches Wort, »Republikflüchtling«, aber das genau waren wir wohl nun, Mama und ich. Im Osten Verbrecher, und im Westen? Werden die uns da wirklich so herzlich empfangen, wie es ständig im Westfernsehen verbreitet wird? Bekommen wir da eigentlich eine Wohnung? Finanzielle Hilfe?

Man hört ja auch ständig von Problemen da drüben. So ganz ohne ist es da auch nicht. Der Berliner CDU-Vorsitzende Peter Lorenz wurde von so ein paar Spinnern entführt, ein RAF-Kommando überfiel die

BRD-Botschaft in Stockholm, und über eine Million Leute haben keine Arbeit. Aber was soll's, man kann ja einfach woanders hinreisen, wenn's einem nicht gefällt, oder?

Ich muss husten. Nicht laut, aber hier drin kommt es mir vor, als hätte ich geschrien. Ich versuche, ganz gleichmäßig zu atmen, und beruhige Mama durch erneutes Klopfen auf die Schulter. Mann, bleib cool und beschäftige dich mit irgendwas, spreche ich mir selbst Mut zu. Scheißzigaretten, die muss ich mir da drüben sofort abgewöhnen! Schmeckt mir ja eigentlich sowieso nicht, aber was tut man nicht alles, um Mädchen zu gefallen.

Ich wuchs als sogenanntes Künstlerkind in Ostberlin auf. Die meisten meiner Klassenkameraden hatten Eltern, die Ihren Lebensunterhalt mit regelmäßiger Arbeit verdienten, als Elektriker, Handwerker, Fabrikarbeiter, Büroangestellte, Staatsdiener und was es sonst so gab. Ich war in meiner Klasse das einzige Kind von »bekloppten« Eltern, die nicht Parteimitglieder waren und auch noch die meiste Zeit des Jahres über kein regelmäßiges Einkommen verfügten. In gewisser Weise wurde ich von meinen Klassenkameraden dafür zwar verehrt und vielleicht auch ein bisschen beneidet. Dafür, dass meine Eltern so herrlich verrückt aussahen und so anders waren. Aber meistens ließ man mich einfach spüren, dass ich ein Außenseiter war. Ein Kind ohne Zirkel, ohne gut sortierte Schreibutensilien, das die ausgetretenen Schuhe des älteren Bruders auftragen musste und als Pausenbrot wochenlang Stullen mit Margarine und Senf darauf aß. Oder hartgekochte Eier. Das würde nun im Westen endgültig aufhören. Nie wieder Senf! Eier nur zum Frühstück! Ich will mich nicht beklagen, aber meine Außenseiterstellung und die immer angespannte wirtschaftliche Situation zu Hause prägten mich. So entwickelte ich schon sehr früh gewisse Macken.

Immer wenn ich auf der Straße mit dem linken Fuß auf eine Linie im Straßenpflaster trat, zog ich sofort mit dem rechten nach, um auch damit eine Linie zu treffen. Berührte ich etwas mit der rechten Hand, musste auch die linke etwas anfassen. Das fing im Heim an und ging bis zur dritten Klasse so. Warum ich das tat? Keine Ahnung, vielleicht war ich harmoniebedürftig, da mein Leben in dieser quasi elternlosen Zeit so unstet war.

Ich kann mich auch erinnern, dass ich mich beim Einschlafen immer von einer Seite auf die andere wälzte. Eher ein Hin- und Herschleudern des Oberkörpers, das Mama »rackeln« nannte. Das stellte ich erst mit Eintritt in die Schule ein.

Wann hatte das eigentlich begonnen? Nun kehrt die Erinnerung an ein Ereignis in meiner Vorschulzeit zurück. Waren meine Macken oder wenigstens eine vielleicht darauf zurückzuführen?

Ich weiß nicht mehr genau, wie alt ich war, wahrscheinlich sechs Jahre, meine kleine Schwester war bereits von uns gegangen und ich gerade in die Schule gekommen. Übers Wochenende hatten wir einen Babysitter. Meine beiden Brüder schliefen im sogenannten Balkonzimmer und ich allein in dem anderen Kinderzimmer. In dem Raum standen zwei Betten einander gegenüber, ich lag auf dem rechten und döste schon ein wenig, als das Mädchen, die achtzehnjährige Tochter eines bekannten Karikaturisten, mich an der Schulter berührte und mich in ein Gespräch verwickelte. Irgendwann forderte sie mich auf, zu ihr unter die Decke zu schlüpfen. Danach erinnere ich mich an Folgendes:

Sie lag auf dem Rücken, ich neben ihr, ihre schwarzen Haare berührten mein Gesicht. Sie plapperte von allem Möglichen, ich wurde sehr schläfrig, als sie meine Hand griff, zu ihren Brüsten führte und dort kreisen ließ. Dabei sprach sie mit belegter Stimme unaufhörlich weiter. Mich erinnerte das an meine heiß geliebten Märchenfilme, in denen die Hexen auch immer so sprachen. Ich spürte etwas Hartes an ihrer Brust, und sie gab unverständliche Geräusche von sich. Dabei bewegte sie sich merkwürdig, bäumte sich auf und die Decke verrutschte. Ich bemerkte, dass sie völlig nackt war. Ich lag da wie gelähmt, wagte kaum

Luft zu holen und ließ es einfach geschehen. Sie dirigierte meine Hand zwischen ihre Beine, sie hatte ziemlich viele Haare. Spätestens jetzt verwandelte sich meine Neugier und Aufregung in wilde Ablehnung.

Ich riss mich trotzig los und sprang wieder in mein Bett hinein. Nach einem letzten verstohlenen Blick auf ihren nackten Körper, als sie ins Bad ging, schlief ich unruhig ein. Würde ich es meinem Vater erzählen? Eher nicht. Mama? Die bringt die um!

Den Jungs, niemals.

Durch die nächtlichen Brüllattacken meines an- oder betrunkenen Vaters war ich auch zu einem chronischen Lauscher geworden, zunächst mehr aus Sorge um Mama als aus Neugier. Etwas mit anzuhören, was gar nicht für meine Ohren bestimmt war, gab mir einen kleinen Kick – und verschaffte mir oft einen Wissensvorsprung, den ich gern und gut zu nutzen wusste.

Meine »positivste« Macke war, dass ich jeden Abend vor dem Einschlafen alles, was sich am Tage so ereignet hatte, noch mal im Kopf durchlebte. Nur dass ich diesmal ganz allein Regie führte! Ich konnte jede Situation, die mir missfallen hatte, in meinem Kopfkino verändern und den Ausgang nach Belieben so manipulieren, dass ich am Ende mindestens als Sieger, wenn nicht sogar als Held dastand! So gewann ich im Nachhinein jede Schulhofprügelei, bot meinem Vater die Stirn, faltete ihn nach Belieben vor Mama zusammen und schlug ihn manchmal sogar k. o.

Das plötzliche Stöhnen meiner Mutter bringt mich schlagartig zurück in die Enge des Kofferraums. Sie streckt sich ganz langsam, erst die Beine, dann den Kopf, als versuche sie, ihren Hals zu verlängern. Ich lausche gespannt, denn mir ist kurz so, als hätte ich Stimmen gehört. Ist das unser Fahrer? Aber der Motorlärm und die Geräusche der Straße, die von außen an meine Ohren dringen, sind zu laut. Mama hat sich beruhigt und klopft mir ganz leicht auf den Oberschenkel, als Zeichen dafür, das alles in Ordnung ist.

Ich hätte jetzt gerne eine geraucht. Mama bestimmt auch! Wo sind wir jetzt?

Wir haben uns zur Vorbereitung auf diesen Wahnsinn natürlich mehrfach eine Karte von Berlin und Umgebung angesehen, aber meine Fähigkeiten, mir etwas räumlich vorzustellen, halten sich sehr in Grenzen, wie mein Geografielehrer schon in der Schule bemerkte.

Vielleicht kommen wir an Menschen vorbei, die an Straßenbahnhaltestellen warten und unserem Wagen nachsehen, denn das rote Autokennzeichen verrät, dass es sich um einen Diplomatenwagen handelt. Vielleicht hängen sie ihren Traum, in den Westen fahren zu dürfen, mit an unsere Stoßstange.

Mein Kopfkino öffnet in diesem Moment und ich stehe am Straßenrand und sehe unseren Wagen an mir vorbeifahren. Ich kann mich selbst mit Mama darin liegend erkennen, denn das Auto ist aus Glas, völlig durchsichtig. Ich winke in meinem Tagtraum mir selbst zu und muss fast loslachen, kann mich aber im letzten Moment zusammenreißen. Nur ein leises Glucksen verlässt meine Kehle.

Ich lasse meine Gedanken wieder in die Vergangenheit schweifen.

Im Zimmer meiner zweiten Freundin Marlies sah es DDR-untypisch aus. Che Guevara hing als Riesenposter an der Wand, gleich daneben die Rolling Stones, Frank Zappa saß auf einem weiteren Poster auf dem Klo, und überall standen leere Flaschen herum. Mitten im Zimmer befand sich eine Sitzgruppe, bestehend aus einem Tisch, einer ziemlich ramponierten Couch und einem Omasessel. In Letzterem saß ich, meiner neuen Angebeteten gegenüber. Marlies hatte wilde blonde Haare, eine Halskette mit dem Peacezeichen, das wie ein verunglückter Mercedes-Stern aussah, und ein kleines Tattoo auf dem Hintern. Und sie hatte Kontakte zur Rockszene hier in Prenzlauer Berg. Daher kam sie ab und zu auch an Drogen ran, die ein arabischer Musiker aus Westberlin illegal einführte. Die Hauptdroge bei uns war Alkohol. Eigentlich soff fast jeder. Haschisch war sehr selten zu haben.

An diesem Abend hatte sie einen Joint, den wir zusammen rauchten. Ich stand mit ihr am Fenster und blies den Rauch hinaus in die Dunkelheit der Straße.

Erst passierte nicht viel, aber dann ging es los. Ich hatte große Mühe, mich wieder in den Sessel fallen zu lassen, meine Sinne schwirrten wild umher. Ich hätte das Zeug nicht nehmen sollen. Sie war einiges gewöhnt, vom Schnüffeln an Fleckentfernern bis hin zu irgendwelchen Tabletten. Ich versuchte, die Augen zu öffnen, gab dies aber sofort wieder auf, da ich mich plötzlich so fühlte, als würde ich wild Achterbahn fahren. Minuten vergingen so. Das Zeug wärmte meine Beine und alles dazwischen. Nachdem die Achterbahn zum Stillstand gekommen war, erhob ich mich mühsam und schwankte in Richtung Badezimmer. Marlies folgte mir und umarmte mich von hinten. Sichtlich angetörnt, verführte sie mich in der Badewanne, was zwar nicht bequem war, aber durchaus geil. Alles schien in Zeitlupe abzulaufen, alles war breiter, farbiger, und sogar mein Geschmackssinn war viel intensiver. Das Stück Schokolade, das ich aß, schmeckte unfassbar viel besser als sonst. Ich legte ich mich auf die Couch und schlief ein.

Marlies und ich blieben nicht wirklich lange zusammen ...

Was zum Teufel ist denn jetzt los? Wir stehen, die Warnblinkanlage ist angeschaltet. Gibt es Ärger? Hat man uns angehalten?

Die Blinker gehen aus und wir fahren wieder. Ist der Botschafter irrtümlich an den Schalter gekommen? Oder gibt es einen Stau? Das würde jetzt gerade noch fehlen!

DIE FREUDE IST KURZ, DIE BEWEGUNG SCHIER LÄCHERLICH

Meine Brüder und mich faszinierte damals ein zwielichtiger Typ namens Dieter, der in Prenzlauer Berg bei uns um die Ecke wohnte. Oft hingen wir bei ihm rum und hörten Westmusik, sahen uns die ersten Pornohefte unseres Lebens an, die aus dem Westen über dubiose Kanäle zu ihm gelangten, und tranken im zarten Alter von elf, zwölf Jahren unser erstes Bier. Dieter wohnte mit seinem trinkfesten Vater, dessen Gesicht mit Kriegsverletzungen übersät war, und seiner Schwester in einer Parterrewohnung. Und er besaß eine echte Elektrogitarre mit einem kleinen Verstärker. Oft, bestimmt an die hundert Mal, hockte ich bei ihm und spielte das Intro von »Smoke on the Water« von Deep Purple. Dieter hatte mir den Riff gezeigt; er war das Einzige, was ich auf der Gitarre spielen konnte. Wenn Mädchen da waren, versuchte ich, damit Eindruck zu schinden. Dieter ging weder zur Schule noch arbeitete er, und wir wunderten uns darüber, dass er immer flüssig war und auch sehr spendabel. Erst viel später erfuhren wir von seinen kriminellen Talenten, die ihm – und uns – immer stangenweise Zigaretten und Unmengen von Alkohol in seinem Zimmer bescherten. Irgendwann verschwand er für ein ganzes Jahr. Als er schließlich wieder auftauchte, suchte er sich sofort Arbeit. Ich fragte ihn, wo er denn gewesen sei, und er erzählte mir von einem Arbeitserziehungslager, eigentlich eher ein Knast für schwer erziehbare Jugendliche, wie er sagte. Dahin wolle er auf keinen Fall wieder zurück. Schlecht sah er aus, er hatte einige

Zähne verloren. Der Held meiner Pubertät war ein gebrochener junger Mann.

Seine Wohnung wird mir ewig im Gedächtnis bleiben, denn hier verlor ich meine Unschuld. Ich war damals dreizehn, mein Bruder Peer vierzehn. Vom Balkon unserer Wohnung in der Prenzlauer Allee, Ecke Christburger Straße aus sahen wir eines Tages im Haus gegenüber zwei Mädchen an einem Fenster im dritten Stock rauchen. Sie sahen etwas älter aus als wir. Wir flachsten über die Straße hinweg mit ihnen herum. Am Abend war es soweit: Man traf sich unten an der Ecke und rauchte gemeinsam ein Kraut namens Juwel 72, eine typische DDR-Zigarette, wahrscheinlich erfunden zur schnellen Dezimierung des Proletariats in der Republik. Rita war blond, knappe siebzehn Jahre alt und erschien mir unerreichbar. Doch nach einem ausgiebigen Spaziergang in Friedrichshain am darauffolgenden Tag landeten wir in der Wohnung von Kumpel Dieter, der uns großzügig sein Zimmer überließ.

Es war eine typische Ostberliner Wohnung, eingerichtet mit Möbeln, die so aussahen, als hätte schon vor hundert Jahren jemand überlegt, sie zu entsorgen. Kohleöfen, klar, Zentralheizung gab es nur in den Neubauten. An den Wänden hingen äußerst geschmackvolle großmustrige Tapeten aus der künstlerisch hochwertigen sozialistischen Produktion. Das Sofa diente Dieter gleichzeitig als Bett und war deshalb immer mit einem Laken bezogen. In der Wohnung roch es ein bisschen wie in dem Keller, aus dem man die Kohlen zum Heizen hochholte. Alles in allem genau der Platz, wo man seine erste große Nacht – in diesem Falle eher den ersten großen Tag – sexueller Ausschweifungen erleben will.

Wir ließen die Jalousien herunter, Rita rauchte und erzählte von sich. Sie kam aus einem kleinen Ort achtzig Kilometer entfernt von Berlin, machte eine Ausbildung zur Näherin und fand mich süß. Mit meinen dreizehn Jahren sah ich ehrlich gesagt eher aus wie elf. Meine Haare trug ich wie alle damals ziemlich lang, was mich von hinten wie ein Mädchen aussehen ließ. Meine spindeldürre Figur, die mir Spitznamen wie »Killersprotte« einbrachte, rundete das Bild ab. Außerdem war meine Stimme eher die eines Kastraten, der Stimmbruch suchte mich noch erfolglos. Außer Knutschen und einem kurzen Betasten der Brüste eines nicht mehr ganz nüchternen Mädchens auf einer Party hatte ich keinerlei Erfahrungen vorzuweisen. So war ich doch sehr verwundert, warum Rita ausgerechnet mich erwählt hatte. Ich war unheimlich nervös, trank ein Bier, obwohl mir Bier überhaupt nicht schmeckte, und rauchte Kette. Rita hatte ein wunderschönes Gesicht, lange blonde Haare bis über die Schulter, trug geile Wildlederstiefel, die in Ostberlin so gut wie nicht zu bekommen waren, hatte große Brüste und war überhaupt eine Göttin. Nach einiger Knutscherei zog sie erst sich, dann mich aus ...

Von Rita erhielt ich übrigens auch meine erste Backpfeife! Nach einer wirklich schönen Nacht lagen wir da und rauchten die berühmte Zigarette danach. Ich zitierte in die Stille des Augenblicks hinein einen der Lieblingssätze meines Vaters:

»Ach, was soll das ganze Theater um das Bumsen, die Freude ist kurz und die Bewegung schier lächerlich!« Rums, hatte ich eine im Gesicht!

Wir sind danach eine ganze Weile miteinander gegangen, und mein Leben in dieser Zeit war einfach nur großartig. Wenn es zeitlich ging, holte mich Rita von der Schule ab, unter den neidischen Blicken meiner Klassenkameraden, die alle ein Jahr älter als ich waren, da ich als Augustkind früh eingeschult worden war. Ein unglaubliches Gefühl, wenn du vom Schulhof durch die Toreinfahrt zur Straße läufst und auf der anderen Straßenseite lehnt, lässig eine Zigarette rauchend, ein blonder Engel an der Hauswand und wartet nur auf dich! Unter dem Applaus oder auch den neidischen Schmährufen anderer Schüler küssten wir uns erst mal ausgiebig, um dann eng umschlungen die Christburger Straße hinauf zur Prenzlauer Allee zu spazieren. Getrennt haben wir uns schließlich aus irgendeiner weltbewegenden Belanglosigkeit, aber Rita hat mich fürs Leben geprägt. Ich schaue auch heute noch fast jeder Blondine hinterher.

BETE ICH HIER ETWA?

Eine Vollbremsung! Wir werden gegen die Rückwand des Kofferraums gedrückt und federn zurück.

Mama und ich heben gleichzeitig fragend den Kopf und lauschen ins Nichts.

Dann fährt der Wagen weiter, und wir fallen brav in unsere unbequeme Position zurück. Unser Botschafter ist wohl auch etwas angespannt, was nur allzu verständlich ist.

Wieso macht der das eigentlich? Hat Mama ihm drüben Geld versprochen? Blödsinn, wir haben ja nichts außer dem, was wir am Körper tragen und sich in ihrer Handtasche befindet. Hätte ich das riskiert an seiner Stelle? Der ist Diplomat, verdient wahrscheinlich richtig Westgeld, also warum tut er das? Ich werde ihn fragen, wenn wir da sind. Hoffentlich bald! Mir platzt die Blase. Aber das kann ich gut wegstecken, da bin ich übertrainiert! In der Schule hielt ich es auch meistens zurück, weil die Toilette ein Ort des Grauens für mich war, seit ich darin einmal verprügelt wurde. Ich werde drüben einen Karatekurs belegen, keiner soll sich mehr an mir vergreifen!

Wie wird wohl mein nächster Geburtstag, der siebzehnte, aussehen? Werde ich ihn sozialistisch verbringen müssen, wo und wie auch immer, oder doch im goldenen Westen?

Mamas Karten sagen ja, dass es klappt!

Was werde ich im Westen wohl als Erstes machen?

Das berühmte Kaufhaus des Westens, das ich aus der *Berliner Abendschau* kenne, werde ich das mit Mama zuerst ansehen? Da liegen Sachen in den Auslagen!

Ha, da kenne ich einen guten Witz! Den werde ich den Westlern erzählen:

Ein treues SED-Parteimitglied kehrt von einer Dienstreise aus der Bundesrepublik zurück.

Sein Vorsitzender fragt ihn: »Na Genosse, haben Sie den faulenden und sterbenden Kapitalismus gesehen?«

»Ja.«

»Und was halten Sie davon?«

Da antwortet der Genosse mit verklärtem Gesichtsausdruck: »Ein schöner Tod …«

Vielleicht spazieren wir einfach stundenlang über den Ku'damm, so wie ich es mir schon Hunderte Male vor dem Einschlafen vorgestellt habe. All die schönen Cafés abklappern und die teuren Boutiquen ansehen und später da auch was einkaufen.

Auf jeden Fall werde ich zu dem Gebäude gehen, das ich meine ganze Kindheit lang vom Berg am Friedrichshain aus sehen konnte und das für mich und meine Kumpels immer das Zeichen von Freiheit war. Es soll Europacenter heißen und hat diesen Mercedes-Stern auf dem Dach, der sich immer dreht. Ja, da will ich unbedingt hin!

Wie werden die Mädchen wohl drauf sein? So eine Westbraut aufzureißen, das wird sicher schwer, die sind doch höchstwahrscheinlich wahnsinnig verwöhnt. Also muss ich erst mal Geld verdienen …

Mama bewegt sich ganz leicht und stöhnt jetzt schon etwas unkontrollierter. Was mag ihr gerade durch den Kopf gehen? Vielleicht geht es ihr so wie den Leuten, die angeblich kurz vor dem Tod ihr Leben noch einmal im Schnelldurchlauf Revue passieren lassen.

Also, wenn wir diese Nummer hier hinkriegen, dann wird die Stasi wohl am Dienstag – denn Pfingstmontag ist ja sogar in der DDR ein Feiertag – in den Theaterwerkstätten des Deutschen Theaters in der Chausseestraße auftauchen und jeden Hobel, den ich je benutzt habe, einsammeln. Dort mache ich nämlich eine Lehre als »Facharbeiter für Holztechnik«, eine DDR-typische Umschreibung des Tischlerberufs. Von dem Fenster aus, an dem ich seit Monaten als Lehrling arbeite, hat man einen hervorragenden Blick auf die Mauer, auf die hungrigen Hunde in ihrem eingezäunten Laufstreifen, auf den Stacheldraht und die Panzersperren, denn das Haus ist das letzte vor dem Grenzstreifen. 180 Grad Mauerpanorama! Da haben sie ihren Fluchtplan ausgeheckt, werden die bestimmt denken.

Mama und ich haben verabredet, dass wir einfach losrennen, wenn sie uns erwischen. In den Knast wollen wir auf keinen Fall!

Mein Gott, ich ersticke hier drin bald! Warum habe ich bloß so viel Kaffee getrunken vorhin, auf dem Weg nach Buch? Da haben wir an der Weißenseer Spitze, einem Knotenpunkt, an dem die drei Bezirke Pankow, Weißensee und Prenzlauer Berg aufeinandertreffen, noch aufgeregt einige Tassen Kaffee getrunken und natürlich wie die Gestörten geraucht, um die Nervosität zu vertreiben.

In den letzten Tagen sprachen wir uns gegenseitig, wann immer wir alleine waren, Mut zu. Mama hatte von ihrem Michel eine Schallplatte von Barry White mit dem Lied »Can't Get Enough of Your Love« geschenkt bekommen, die nun so gut wie den ganzen Tag und die halbe Nacht durch die Altberliner Räume dudelte. Sie wurde so quasi zum Soundtrack unserer Flucht.

Oh Mann, dieser nervige Blinker klickt schon wieder neben meinem Kopf, an, aus, an, aus, wir schaffen es, wir schaffen es nicht, wir schaffen es, wir schaffen es nicht …

Hoffentlich dreht Mama nicht durch! Jetzt fahren wir gerade mal ein paar Minuten und sie gräbt mir schon ihre Zähne in den Unterarm. Nicht, dass das wirklich wehtut, nein, aber ich glaube, wir müssen noch mindestens eine Stunde durchhalten. Oder nur eine halbe? Wird sie das packen? Ist ja auch egal, zurück geht's nun eh nicht mehr.

Adieu, liebe DDR, es wäre wirklich hilfreich, wenn du heute an der Grenze nochmal so richtig versagen könntest, davon verstehst du doch so viel, du größte DDR der Welt!

Grenzkontrolle, versage! Grenzkontrolle, versage!

Was ist denn jetzt los? Bete ich etwa?

MAMA UND IHRE GEISTERWELT

Ich wurde in der Schule marxistisch, leninistisch, übersozialistisch und kommunistisch erzogen, und doch beschäftigte mich alles Religiöse und Okkulte. Mama und ihre Karten, ihr Glauben an Wiedergeburt auf der einen und die Jesusgeschichte auf der anderen Seite. Gibt es einen Gott und wenn ja, warum lässt er dann so etwas wie die DDR zu?

Mamas Glaube lässt sich nicht so einfach definieren. Sie glaubte nicht an den christlichen Gott ihrer Mutter Hedwig, war aber auch keine Atheistin. Sie glaubte an eine höhere Macht, eine Welt voller Engel und Geister. Luzifer, der gefallene Engel, spielte in ihrem Weltbild eine große Rolle. Sie glaubte fest und unerschütterlich daran, dass wir nach dem Tod in eine andere, geistige Sphäre gelangen würden, um dort, je nach Lebensführung, als gut oder schlecht eingestuft zu werden. Die Guten könnten gleich in höhere Sphären aufsteigen, um in völliger Harmonie weiterzusegeln.

Praktisch konnten diese die Seelenwanderschaft fortsetzen, und Mama glaubte an die Reinkarnation. Die Menschen, die in ihrem irdischen Dasein gefehlt hatten, mussten nach der Überzeugung meiner Mutter weiter *dienen*. Dies waren die Geister, die man rufen konnte. Nun gab es die einen, Bösen, die nicht dazugelernt haben, und diese dürfe man auf keinen Fall herbeirufen. Gut. Nur die Guten könne man bitten, Gutes zu tun, wenn man sie durch Gebete, Rituale oder andere Maßnahmen dazu auffordere.

Fragte ich sie, warum diese, so sie überhaupt existieren sollten, das dann auch tun würden, antwortete sie darauf:

»Sie sind in Ungnade gefallen, so kann man das sagen, und nun wollen sie dem höheren Wesen gefallen und verrichten deshalb Dinge wie Heilungen, Schutzengelfunktionen und so weiter, weil sie aufsteigen wollen in die Sphäre, in der die Seele endlich den ersehnten Frieden findet. Ich bitte sie bei Heilungen um ihre Hilfe, und dafür bete ich für ihr Seelenheil, damit sie erlöst werden aus dieser Zwischenwelt. So wie für den berühmten Engel Luzifer, der ja eigentlich auch nur wieder zurückwill.«

Nun, mich erinnerte das als Kind eher immer ein bisschen an Raumschiff Enterprise, und doch geschah um mich herum so viel Erstaunliches, ich legte mich nicht fest.

Hey, was ist denn das jetzt? Wir werden ordentlich durchgeschüttelt. Der ganze Wagen scheint auf einmal zu hüpfen. Verstehe, die guten alten Ostberliner Pflastersteine! Hier wurde noch nicht asphaltiert! Aber ich dachte, der da vorn fährt nur die Hauptstraßen! Vielleicht muss er teilweise auf den Straßenbahnschienen fahren, gut möglich. Mein Kopf stößt an den Kofferraumdeckel, Mama hat es geschafft, das zu vermeiden. Ich kann sie ganz schemenhaft erkennen. Mir brummt kurz der Schädel, und alles beruhigt sich ebenso plötzlich, wie es angefangen hatte. Asphalt, wer hätte jemals gedacht, dass ich mich über Asphalt mal so freuen könnte!

DIE WESTBRAUT

Ich saß mitten in der Nacht im Wohnzimmer meines Vaters und spielte Gitarre. Nicht wirklich gut, aber »Smoke on the Water« wirkte auch hier. Das Mädchen war unglaublich hübsch, mit kurzen blonden Haaren und Sommersprossen, die ihrem Aussehen etwas Freches gaben. Wir hatten uns kurz zuvor in einer Altberliner Kneipe in der Winsstraße kennengelernt. Dort, unter zahlreichen Stammgästen, hockte ich gerne und lauschte dem Stimmengewirr. Sie war mir sofort aufgefallen. Nicht nur, weil sie offensichtlich fremd hier war, sondern weil sie alles überstrahlte. Ich hatte sie spontan zu einem Drink eingeladen. Es stellte sich heraus, dass sie ein Fan von Udo Lindenberg war. Das bot ausreichend Gesprächsstoff. Ich parodierte Udos Stimme, und wir alberten herum. Den Hang, Stimmen zu imitieren, hatte ich von meinem Vater. Mein Repertoire reichte von Otto über Didi Hallervorden bis eben zu Udo.

Ines war mit Freunden aus Westberlin zum Partymachen gekommen, war ja alles schön billig hier. Jetzt waren wir beide ziemlich angetrunken, und ich lud sie zu mir nach Hause ein, das heißt zu Pat, meinem Vater, um ihr mal zu zeigen, wie ein DDR-Künstler so wohnt.

Das fand Ines aufregend.

Der Wohnungsschlüssel lag unter der Fußmatte, was hieß, dass mein Vater nicht da war. Ines blickte sich neugierig um.

»Von wem ist denn dieses Bild?« Sie zeigte auf einen Akt.

»Von meiner Mutter. Sie malt ständig Akte«, antwortet ich fast entschuldigend. »Ich kann auch ein bisschen malen. Mein kleiner Bruder allerdings noch viel besser. Ich schreibe lieber, so wie mein Vater.«

»Wo ist denn dein Vater?«, erkundigte sie sich. »Ist es nicht sehr leichtsinnig, den Wohnungsschlüssel einfach unter die Fußmatte zu legen?«

»Keine Ahnung, wo er steckt, wahrscheinlich in einer Kneipe, was weiß ich!«

»Und warum sind wir nicht zu dir gegangen?«

»Nee, geht nicht! Da sind meine Oma, meine Mutter und meine Brüder! Gefällt's dir hier nicht?«

»Doch, doch! Und von wem ist dieses Bild?« Sie betrachtete lange die Zeichnung eines Dirigenten. »Auch von deiner Mutter?«

»Nein, die ist von jemand anderem. Toller Strich, was? Bestimmt ein wahrer Künstler ...«

Sie kam auf mich zu.

»Von dir?«

»Genau!«

Mädchen stehen nicht nur auf böse Jungs, sondern offensichtlich auch auf so Künstlertypen. Jedenfalls schien Ines beeindruckt.

Wir ließen uns auf Vaters Matratze auf dem Boden plumpsen – und landeten mitten auf besagter Gitarre, was den Riss der hohen E-Saite zur Folge hatte. Ich sprang auf, kniete mich in meinem angetrunkenen Zustand vor die Gitarre hin und flehte:

»Bitte verzeih mir, Geliebte. Das war keine Absicht. Ich wollte dich nicht verletzen, ehrlich! Aber Wollust überkam mich. Verzeih mir!«

Ich nahm die Gitarre und sperrte sie in den Kleiderschrank.

Ines lachte und fragte, wo das Bad sei.

»Bad ist gut! Hier, bitteschön, ein Klo, ein Kaltwasserhahn und jede Menge Lyrik. Nimm dir, was du brauchst!«

»Ein Handtuch?«

Ich ging schnell ins Zimmer zurück und suchte nach etwas zu trinken. Ich fand eine Flasche Rotwein und öffnete sie.

Als Ines im Bad fertig war, kroch sie bibbernd unter die Decke. Ich stellte das kleine Radio neben der Matratze an.

Ines feixte: »Da kommt ja sogar was raus. Meine Oma hatte so ein Ding auch, vor zwei Jahrhunderten etwa.«

»Sehr witzig, das Radio ist wirklich von meiner Oma Hedwig. Sie hat es hiergelassen, als sie zu uns gezogen ist und mein Alter dafür in ihre Wohnung. Es hat zwar keinen Stereo-Super-Sound, aber es spielt. Hör mal, das ist unser Lied!«

Und tatsächlich, aus dem Plastikradio nuschelte Udo »Alles klar auf der Andrea Doria«. Ich krabbelte zu Ines und wir umarmten uns. Da klingelte es an der Tür.

»Scheiße!«, rief Ines.

»Das kann nur die Stasi sein, oder der BND, oder mein Vater. Wahrscheinlich mein Vater!«

Ich löste mich aus der Umarmung, umwickelte meine Hüfte mit dem Rock von Ines und ging zur Tür.

»Der Schlüssel war nicht da. Ich wohne doch hier, oder? Mein Gott, du hast ja Besuch!«

»Ines, das ist mein Vater, Vater, das ist Ines aus Westberlin!«

Es war wie bei Loriot.

Ines brachte ein heiseres »Hallo« über die Lippen und blieb ansonsten, wo sie war.

»Na, dann werde ich mal wieder abrauschen, dann komme ich mal morgen wieder, gleich nach dem Aufstehen, so gegen sechs Uhr abends!«

Ich griff resigniert zur Rotweinflasche und sagte: »Nun bist du schon mal da, nun setz dich halt. Ist übrigens deine Wohnung.«

Ines lag versteinert da wie eine Statue.

»Danke, Junior. Steht dir übrigens ausgezeichnet, deine Hose … äh, dein Rock. Trägt man das jetzt so? Muss ich mir morgen unbedingt besorgen!« Er betonte das »Morgen« und reimte es auf »besorgen«.

»Irre komisch, wirklich! Gib uns mal eine Zigarette. Ines, jetzt kommst du in den Genuss der wohl besten Zigarette sozialistischer Produktion. Duett, hundert Millimeter lang und arschteuer! Egal, wie schlecht es ihm auch geht, er raucht nur diese. Immer erster Klasse zum Schafott!«

Ines beugte sich vor, um eine aus der von Pat umständlich hingehaltenen Schachtel zu angeln.

Pat setzte sich zu uns ans Ende der Matratze, trank Wein und rauchte. Es verging eine Ewigkeit, in der niemand sprach. Alle rauchten wir wie verbissen. Ines blickte verstört zu mir hinüber. Es war alles so peinlich.

»Vielleicht können wir ja morgen gemeinsam frühstücken, wenn Ihr Lust habt«, sagte mein Vater endlich, erhob sich, ließ die Schachtel Zigaretten auf das Bett fallen und verschwand grußlos.

»Na also, nun hast du ihn gleich mal kennengelernt.«

»Sieht ein bisschen wie Karl Marx aus. Die Zigarette schmeckt übrigens mehr nach Aufhören als nach Sucht.«

Ich ging zu ihr, nahm sie ihr vorsichtig aus der Hand und drückte sie aus.

Als mein Vater am nächsten Tag die Wohnung betrat, war es bereits Mittag. Er ging direkt in die Küche und begann herumzuhantieren. Wir wuschen uns so gut es ging im Luxusbad und zogen uns schnell an.

Pat brachte ein Tablett, lächelte weltmännisch und wir tranken grünen Tee, sein Lieblingsgetränk, gleich nach Wodka.

Irgendwann meinte Ines, dass sie zurück über die Grenze müsse. Ich begleitete sie bis zum Übergang Bornholmer Straße.

»Grüß mir die andere Seite und sag Bescheid, dass ich bald nachkomme. Die sollen sich mal vorbereiten auf meinen Einmarsch über den Ku'damm. Sehen wir uns wieder?«

Ich war total aufgekratzt nach dieser Nacht.

Ines entgegnete:

»Ich finde einen Weg, wie du hier rauskommst. Ich mach mich mal schlau. Die Woche muss ich arbeiten, aber am Sonnabend komme ich wieder. Pass auf dich auf!«

Wir küssten uns noch einmal, und ich sah ihr lange nach.

Ich bin Ines nie wieder begegnet.

WIE DER VATER, SO DER SOHN

Verdammt, meine Beine sind eingeschlafen und ganz taub. Ich versuche, die Durchblutung in Schwung zu bringen. Hoch, runter, hoch, runter, aber bloß nicht an den Deckel stoßen!

Draußen ist es schon dunkel, meine Brüder Peer und Dirk sitzen jetzt bestimmt mit Oma vorm Fernseher und essen dabei Abendbrot. Gott, hab ich einen Hunger!

In einigen Tagen werden sie alle wissen, dass wir »abgehauen« sind. Die Stasi wird sie verhören. Auch meinen Vater, der genauso ahnungslos ist wie die anderen. Und das ist auch gut so, für alle. Dann brauchen sie nicht lügen. Mein Vater wird sich danach besaufen und sich mit einer seiner jungen Schauspielerkolleginnen trösten.

Ach ja, mein Vater, seines Zeichens Schauspieler und Schriftsteller und vor allem Übersetzer russischer Theaterstücke. Seine wohl erfolgreichste Übersetzung war das Drama *Der Wald* von Ostrowski, das 1969 an der Berliner Volksbühne unter den legendären Regisseuren Manfred Karge und Matthias Langhoff aufgeführt wurde. Nach Aussage fast aller Frauen in seinem Leben ist er ein Genie, das viel säuft, viel zu viel redet und wenig tut. Dabei hatte seine Karriere als Schauspieler in den Sechzigern durchaus vielversprechend begonnen: Er spielte in mehreren Folgen der Krimiserie *Blaulicht* mit, einer Art DDR-*Tatort* in Schwarz-Weiß. In der Folge Der Kindermörder – Teil 1 spielte er sogar die Hauptfigur.

1963 wirkte er mit an *For Eyes Only – Streng geheim*, dem erfolgreichsten Spionagefilm der Defa (Deutsche Film AG). Ein Filmtitel, der eigentlich überhaupt nicht sozialistisch klingt!

Ich hatte diesen Film lange Zeit nicht gesehen. Mein Vater meinte, es handelte sich hierbei um einen Propagandafilm. Es ginge um einen Mitarbeiter der Staatssicherheit, der in Westberlin im Sinne der DDR höchst erfolgreich agierte.

Das Leben bringt einem die wichtigen Dinge ja irgendwann doch ungefragt vorbei.

In der DDR wurde man als Schulkind erst Pionier und später Mitglied der Freien Deutschen Jugend (FDJ). In einem Ferienlager für Pioniere war ich während der Sommerferien endlich mal weg aus Berlin und genoss das sehr. Meine Kindheit zeichnete sich nämlich auch dadurch aus, dass meine Eltern nie irgendwo mit uns hinfuhren. Das bedeutete: Sommerferien immer in Berlin, maximal angeln gehen mit Onkel Fritz, dem Bruder meiner Mutter. Meistens blieb nur das Schwimmbad.

In diesem Zeltlager bei Berlin war jemand auf den glorreichen Gedanken verfallen, den zu sozialistischen Persönlichkeiten heranwachsenden Pionieren das heldenhafte Agentenopus, an dem mein Vater mitgewirkt hatte, auf einer riesigen Freiluftleinwand vorzuführen. Als ich den Vorspann mit dem Titel las, schrie ich begeistert auf: »Da spielt mein Vater mit!«

Endlich konnte ich mit ihm mal angeben und den anderen zeigen, wo der Hammer hängt!

Der Film begann spannend, und nach knapp einer halben Stunde erschien tatsächlich mein Vater auf der Riesenleinwand. Die Szene spielte in einer Westberliner Bar mit dem Namen »Das goldene Hufeisen«. In einer Art Manege mitten im Raum ritten Bardamen auf echten Pferden – voll dekadent.

»Da, das ist mein Alter!«

Der Held des Films steuerte auf seine Freundin zu, und mein Vater kam mit dem Satz dazwischen: »Sie werden am Telefon verlangt!«

Daraufhin traten der Held und mein Vater vor die Tür. Papa versuchte, den Helden niederzustrecken, doch natürlich setzte dieser meinen Vater mit einem gekonnten Karateschlag außer Gefecht und ... tja, das war's dann leider, kein weiterer Auftritt. In den folgenden Tagen musste ich mir einiges an Häme von den anderen anhören.

Irgendwann hängte mein Vater die Schauspielerei ganz an den Nagel. Warum, weiß keiner so genau. Nachdem er eine Weile zu Hause gehockt und an Theaterstücken gearbeitet hatte, drängte Mama ihn, sich was Festes zu suchen, da nur wenig Geld in die Haushaltskasse floss. Sie vermittelte ihm über einen Kumpel, der einen Kumpel kannte, einen Kontakt beim Rundfunk. In seiner ersten Nacht beim Radio arbeitete er sich fleißig durch die akkuraten Anweisungen der Redakteure und sprach zum Schluss die bedeutenden Worte ins Mikrofon: »So, nun Schluss mit der Liebe und raus aus den Betten, es ist vier Uhr – jetzt die Nachrichten.«

Das war der ebenso einzigartige wie kurze Auftritt meines Vaters als Rundfunkmoderator. Einige Nachtschwärmer, die diesen Satz gehört hatten, verbreiteten die Geschichte und feierten den Sprecher. Nur Mama fand das gar nicht lustig, da auch diese Karriere vorbei war, ehe sie richtig begonnen hatte.

Mein Vater mochte seinen Vornamen Peter nicht und nannte sich selbst immer nur Pat. Er war als Schüler die meiste Zeit in einem Internat in Wiesenburg bei Berlin aufgewachsen, an dem Russisch als Schwerpunkt unterrichtet wurde, daher sprach er Russisch fast so gut wie Deutsch, was ihm später sehr viel nutzte.

Pat war immer ein Unruhegeist. Vielleicht ist das ja genetisch bedingt. Seine Großmutter wohnte in einem Wohnwagen und war Teil der

Zirkustruppe Walldorf, die von den Dreißiger- bis in die Fünfzigerjahre mit boxenden Bären auftrat. Sogar in Amerika. Vaters Großonkel Gustav, der mit seinem Bruder Willi Walldorf die Bären trainierte und dann gegen sie boxte, besuchte uns des Öfteren in der DDR. Wir hingen an seinen Lippen, wenn er von Hollywood erzählte, wo er lebte. Später erst begriffen wir, dass damit nicht das berühmte Hollywood in Kalifornien gemeint war, sondern ein eher kleines Nest in Florida. Aber egal, der Mann lebte in Amerika!

Onkel Gustav war ein Baum von einem Mann, hatte schlohweißes, langes Haar und trug immer einen Cowboyhut. Was für eine Erscheinung in Ostberlin! Eigentlich sprach er fließend Deutsch, ließ aber Sätze wie: »Also Boys, by uns in Amärika gibt es – äh, wie heißen de fridge hier – äh Kuhlschränk, die sind so great wie eine Kleiders -äh- schrank«, mit breitem amerikanischen Akzent vom Stapel. Ich mochte ihn sehr.

Mein Vater hatte jedenfalls die innere Unruhe des fahrenden Volkes in sich, war ständig auf Achse.

Wenn ich aus der Schule nach Hause kam, konnte es schon mal passieren, dass er gerade aus seinem Rausch erwachte, sich im Bett aufrichtete und dann lauthals sang:

»Sauf aus, sauf aus, sauf aus, sauf aus, freie deutsche Jugend, sauf aus!«

Es war wirklich nicht einfach mit ihm. Wenn er mal arbeitete, dann zog er mit unterhaltsamen Programmen, die großenteils jüdische Anekdoten und Geschichten zum Inhalt hatten, durch die Lande oder rezitierte François Villon, den er vergötterte. Er war überzeugter Kommunist, ein ausgewiesener Karl-Marx-Kenner und verzweifelte daran, was die greisen Genossen da oben aus dessen herrlichen Ideen machten. »Einen Scheiß«, wie er sagte. Vielleicht trank er auch deshalb ein wenig mehr. Mit seinem langen Bart sah er seinem heiß geliebten Karl Marx tatsächlich ähnlich. Einige meiner Mitschüler verpassten ihm allerdings den Titel »Weihnachtsmann«. Dabei war er von eher schmächtiger Statur.

Auch ich wollte Schriftsteller werden, ein viel besserer als mein Vater! Deshalb schrieb ich fleißig Kurzgeschichten und Gedichte.

Mein Entschluss zu schreiben reifte heran, als ich mit vierzehn Jahren einem Deutschrussen namens Wanja, ein Schriftstellerkollege meines Vaters und enger Freund meiner Mutter, mein erstes eigenes Märchen erzählte. Der baumlange Kerl saß in einem der Sessel im Atelier und wartete auf Mama. Nächtelang hatte ich mir vor dem Einschlafen meine Geschichte ausgedacht und brannte nun darauf, sie loszuwerden. Und da er nun mal da war, legte ich los:

»Also, Onkel Wanja, es handelt sich um einen Fuchs …«

»Hat der auch einen Namen?«, unterbrach Wanja mich.

»Mann, Onkel Wanja, lass mich einfach erzählen! Also, Fuchs Sonnenrot lebte im Wald wie alle Füchse. Eines Tages begriff er, dass die Trauben immer zu hoch für ihn hingen. Er dachte nach und baute sich ein Gerüst aus Holz, mit dem er an die Trauben kam. Er wurde Chef von allen Füchsen und sehr reich. Aber seine besten Freunde wurden neidisch. Sie stahlen ihm das Gerüst und verjagten ihn.«

»Oh, wie traurig«, ließ sich Onkel Wanja vernehmen. Mein bösester Blick traf ihn strafend.

»Der Fuchs ging zurück in seinen Bau, pflanzte die letzten Trauben, die ihm geblieben waren, an den Eingang, und errichtete daneben seinen Grabstein. Darauf stand: ›Hier liegt der wohl dümmste Fuchs aller Zeiten begraben, er ließ sich die Trauben nehmen wie die Henne ihre Eier.‹

Er ging in seine Höhle und wollte seinem Leben ein Ende bereiten, als er hörte, wie seine ehemals besten Freunde am Eingang laut die Inschrift lasen, genüsslich seine restlichen Trauben fraßen und schließlich davonliefen. Heute lebt Fuchs Sonnenrot wie alle Füchse mit Frau und Kindern irgendwo im Wald.«

Stolz saß ich dem Riesenkerl gegenüber und wartete nun auf den donnernden Applaus. Stattdessen sagte er: »Du musst ein halber Russe sein, deine Seele ist russisch, ganz klar!«

Ich werde, nachdem Mama und ich eine Wohnung gefunden haben, sofort anfangen zu schreiben, soviel steht fest. Oder erst reisen, dann schreiben. Und Onkel Wanja kann dann in der DDR meine Bücher aus dem Westen lesen!

Diese Russen. Ich hatte ja wie alle ab der fünften Klasse Russischunterricht. Im ersten Jahr fand ich das noch ganz toll, weil ich hoffte, mein Vater würde mir dabei helfen. Nicht nur, das er Russisch fast so gut wie Deutsch sprach, er konnte auch das alte zaristische wie das revolutionäre Genossen- und Parteirussisch perfekt imitieren. So war ich im ersten Jahr sehr fleißig und hatte eine glatte Eins, obwohl die Sprache wirklich kompliziert ist – sechs Fälle, das kyrillische Alphabet, und die Aussprache lag mir auch nicht besonders. Meine Begeisterung ließ dann auch bald schon nach, denn im Unterricht wurde uns wieder und wieder etwas von unserer Befreiung vom Faschismus durch die siegreiche Rote Armee vorgepredigt. Die anderen Alliierten fanden in diesem Zusammenhang überhaupt nicht statt. Ziemlich einseitig und dadurch auch sehr langweilig. Jeder von uns spürte, dass dies nicht die ganze Wahrheit sein konnte. In meiner Pubertät wurde ich zunehmend aufmüpfiger, rebellischer, entwickelte andere Interessen, meine Russischnote verschlechterte sich bis auf eine Drei.

Es war nicht immer leicht für mich und meinen Vater, der permanent gegen den real existierenden Sozialismus wetterte, weil die Genossen die Marxschen Theorien seiner Meinung nach überhaupt nicht praktizierten. An eine Staatsbürgerkunde-Stunde kann ich mich noch besonders gut erinnern. Ich ging auf die 18. Polytechnische Oberschule »Hans Janocha« in Prenzlauer Berg, das Fach Staatsbürgerkunde hatte man an den polytechnischen Oberschulen von der siebten bis zur zehnten Klasse. Ziel war es, uns junge Menschen zu einem kollektiven Wir zu erziehen.

Unser Lehrer, der auch gleichzeitig Sportlehrer war, hatte gerade erläutert, dass der Kommunismus die Endstufe der gesellschaftlichen Entwicklung sei. Mir waren die Diskussionen meines Vaters mit seinen ebenfalls marxkundigen Freunden sehr vertraut, und nun glaubte ich, in den Erläuterungen des Lehrers eine Schwachstelle entdeckt zu haben. Ohne mich zu melden, stand ich auf. »Ich hab da mal eine Frage!«

»Oh, der Herr nimmt mal am Unterricht teil. Also bitte, wie lautet deine Frage?« Der Pauker lehnte sich lächelnd an seinen Tisch und sah mich herausfordernd an.

»Nun, wenn also der Kommunismus die Endstufe der gesellschaftlichen Entwicklung ist, bleibt die Entwicklung quasi an dieser Stelle stehen, oder? Marx sagt aber, dass sich die Materie ständig verändere und nie stillsteht. Das verstehe ich nicht.«

Mit diesen Worten nahm ich triumphierend wieder Platz. Der Lehrer, den ich durchaus mochte, nahm sich Zeit, ging ein paar Schritte auf und ab und bemerkte: »Man darf hier nicht alles wild miteinander vermischen. Im Marxismus-Leninismus ...«

Das Klingeln, das das Ende der Unterrichtsstunde meldete, schnitt ihm jäh das Wort ab. Beim Verlassen des Klassenzimmers raunte er mir noch zu: »Interessante Frage, Tommy, darüber reden wir ein anderes Mal!«

Zu Hause erzählte ich meinem Vater von meiner genialen Attacke auf das sozialistische Bildungssystem. Er lehnte sich zurück, ließ, wie immer, wenn er nachdachte, seine Finger durch den langen Bart wandern und urteilte: »Nicht schlecht, Junior! Aber egal, was man glaubt oder nicht, die menschliche Natur ist einfach nicht auf Genügsamkeit ausgerichtet. Es wird immer ein paar Banditen geben, die sich über die anderen erheben wollen, um besser zu leben. Deshalb erfindet sich der

Mensch ja auch andauernd irgendwelche Götter, Götzen oder Parteien. Ich glaube an den Egoismus und daran, das alle Menschen verschieden sind, sich höchstens ähneln, deshalb wird das nie so klappen, wie sich mein Karl das ausgedacht hat!«

Nach satten acht Unterrichtsstunden war mir das zu anstrengend, und da das erwartete Lob ausblieb, flüchtete ich mich in die Küche. Das Thema war mir eigentlich ziemlich egal, aber zweifellos habe ich von meinem Alten die Diskussionslust und Streitkultur geerbt. Dabei höre ich mich, ehrlich gesagt – genauso wie er sich –, am liebsten selbst reden …

WEGE NOCH MAL GEHEN

Um mich weiter abzulenken, gehe ich im Kopf noch einmal den Weg von der Prenzlauer Allee 48 bis zur Schule in der Christburger Straße hinunter. Die Straße ist leicht abschüssig, in einigen Fassaden sieht man immer noch die Einschusslöcher aus dem Zweiten Weltkrieg. An manchen Stellen wurde renoviert, an anderen nicht – je nachdem, ob die Häuser an den sogenannten Protokollstrecken lagen oder nicht. Protokollstrecken nannte man die Routen, auf denen bei offiziellen Besuchen Staatsgäste der DDR herum kutschiert wurden. Teilweise waren die Häuser auf diesen Strecken auch nur bis zum zweiten Stock restauriert und angepinselt, weil man aus dem Auto ja nur zwei Etagen sehen konnte.

Ich versuche, mir jedes der Häuser auf meinem Schulweg zurück ins Gedächtnis zu holen, aber ich bekomme nicht alle zusammen, obwohl ich diesen Weg Abertausende Male gegangen bin. Doch zumindest mein bisheriges Zuhause kann ich mir vor meinem geistigen Auge genau vorstellen.

Betritt man die Prenzlauer Allee 48, wird man von einer ungewöhnlichen Treppe empfangen, denn zum ersten Stock hinauf gibt es nur eine ganz lange Treppe, die nicht, wie der Rest des Treppenhauses, aus zwei sich in der Richtung abwechselnden halben Treppen besteht. Das verblüfft erst einmal. Rechts sind die Briefkästen angebracht, und unter der Treppe befindet sich eine Gittertür, hinter der man entweder in den großen Hof mit den Mülltonnen gelangt oder aber durch eine andere Tür in den Keller. Diese Tür mögen meine Brüder und ich gar nicht, denn sie müssen wir schon seit frühester Kindheit passieren, um im Keller Kohlen zum Beheizen der großen Fünfzimmerwohnung zu holen und nach oben zu schleppen.

In der zweiten Etage befinden sich zwei alte Berliner Eingangstüren. Wir wohnen hinter der rechten. Man gelangt in einen zehn Meter langen Flur mit deutlicher Linkskurve. Am Anfang des Flures geht rechts ein großes Zimmer ab, das erst das Arbeitszimmer meines Vaters war und dann, als er auszog, zu Omas Zimmer wurde. Gegenüber liegt die Küche mit ihrer immer offen stehenden Tür, an der ein weiterer Feind meiner Kindheit hängt – die Kaffeemühle! Abwechselnd wurden wir dazu verdonnert, solange an dem Hebel herumzudrehen, bis sich in dem kleinen Glasbehälter genügend Pulver für Mamas Lieblingsgetränk angesammelt hatte. Dann beschreibt der Flur besagte Linkskurve. Mamas Atelier geht rechts dahinter ab, es ist ein Durchgangszimmer, das zu ihrem Wohn- und Schlafzimmer führt. In der Ecke dieses Zimmers gibt es einen großen Erker, wo Dutzende grüne Pflanzen stehen – von mir Kleinafrika genannt. Dem Atelier gegenüber steht ein großer weißer Schrank, der Kohlenschrank. Hier werden die mühsam aus dem Keller hochgeschleppten Kohlen gelagert. Läuft man weiter, kommt man rechts an die Tür zu besagtem Kinderzimmer mit einem Balkon zur Christburger Straße hin. Vis-à-vis befindet sich das Bad mit einer großen Badewanne. Das zweite Kinderzimmer bildet auch gleichzeitig das Wohnungsende und hat ein Fenster zum Hof. Schlappe 133 Mark kostet diese geräumige Wohnung schon seit eh und je. In der DDR gibt es ja keine Mieterhöhungen wie im Westen.

Die DDR hatte durchaus auch ihre heiteren Seiten, von Staats wegen!

Ja, allein in Sachen Namensgebung war die DDR einfach unschlagbar. Dass ich als Tischler »Facharbeiter für Holztechnik« in meinem »Ausweis für Arbeit und Sozialversicherung«, einem grünen, einem

Reisepass ähnelnden Büchlein, stehen hatte, fand ich schon witzig. Aber eine Sekretärin hieß beispielsweise »Facharbeiter für Schreibtechnik«, ein »Facharbeiter für städtischen Nahverkehr« war nichts anderes als ein Busfahrer. Noch witziger als das fand ich die Bezeichnungen für Speisen. Wie konnte man nur auf die Idee kommen, Kartoffeln, Reis oder Nudeln »Sättigungsbeilage« zu nennen? Oder die »Geflügelte Jahresendfigur«? Ein schlichter Weihnachtsengel.

Aber es gab natürlich auch sinnvolle Erfindungen, zum Beispiel das zinsloses Darlehen von bis zu 5000, später 7000 Mark für frisch verheiratete Paare, rückzahlbar abhängig von der Zahl der geborenen Kinder. Damit wurde die Babyproduktion angekurbelt, da ja fast alle Frauen hier auch berufstätig waren. Und Geld war der Motor aller Dinge, auch im Sozialismus, wie mir schon früh klar wurde. Ohne geht nix.

Mir geht es ja eigentlich hier in Ostberlin nicht schlecht, ich bin ebenso dünn wie vorlaut, meine Freundin liebt mich, ich habe eine ganze Menge Kumpels hier in meinem Prenzlauer Berger Kiez, den ich liebe, ich kenne die Kneipen, kenne die Leute und ihre Geschichten. Ich habe ein Zuhause.

Meine Brüder werden mich hassen. Wieso hat Mama mich auserwählt und nicht einen von ihnen, werden sie sich fragen. Wieso müssen ausgerechnet sie in diesem verhassten System zurückbleiben?

Peer hat einen anderen Vater, einen Grafiker, den er erst im Alter von vierzehn Jahren kennengelernt hat. Dann nämlich bekommt man in der DDR seinen ersten Personalausweis, und da in seinem ein anderer Familienname stand, musste Mama ihm wohl oder übel beichten, dass der Mann, den er bis dahin für seinen Vater gehalten hatte, nicht sein Erzeuger war. Das machte Peer in seiner Pubertät höchst aggressiv, vor allem seiner Mutter gegenüber.

Dirk ist das krasse Gegenteil: verträumt, ja fast ein bisschen weltfremd, hochgradig sensibel und ebenso hochbegabt. »Er malt jetzt schon besser als ich«, sagte Mama oft. Wie wird er wohl mit unserer Flucht umgehen? Beide werden wütend sein, jeder auf seine eigene Art, denke ich.

Aber nach der Wut werden die heilenden Tränen kommen und die Verzweiflung wird zur Hoffnung mutieren. Das ist DDR-erprobt!

Ich bekomme ein schlechtes Gewissen, so ein Mist!

DIE MAGISCHE NACHT

Plötzlich bin ich erstaunlich ruhig, spüre keinerlei Angst. Die ganzen letzten Tage war ich ein Nervenbündel, andauernd auf dem Klo, und jetzt – nichts. Wahrscheinlich glaube ich nun doch an die Karten meiner Mutter, die ja verkündet haben, dass alles glatt geht.

Ich muss an diese »magische« Nacht vor einer Woche denken. Wieder mal saß ich mit meiner Mutter, der Malerin, in ihrem Atelier und atmete den Geruch von Acryl- und Ölfarben und Pinselreiniger ein, den ich so mag. Überall an den Wänden hingen Skizzen, Grafiken und Gemälde in verschiedensten Maltechniken; Gesichter, Landschaften, vor allem aber Frauenakte. Letztere üben auf einen Jungen in meinem Alter natürlich die größte Anziehungskraft aus.

Meine Mutter legt Karten, sagt die Zukunft voraus. Das macht sie sehr gut, sagen viele – ich habe da so meine Zweifel. Sie ist so etwas wie eine weiße Hexe, und das mitten im kommunistischen Arbeiter- und Bauernstaat! Seit der Scheidung von meinem Vater mag sie nur noch Männer mit schwarzer Haut; Männer aus Afrika, die in der DDR studieren, den Duft von Freiheit verströmen und ihr mit Respekt begegnen. Meistens jedenfalls. Was sie überhaupt nicht mag, ist ihr Vorname, Waltraud, und deshalb kennt man sie nur unter dem Namen Waluscha. Sie ist eine äußerst imposante Erscheinung, die beim Betreten eines Raumes die gesamte Aufmerksamkeit auf sich zieht. Das liegt nicht nur an ihrem Riesenbusen, den sie wie eine Waffe vor sich herträgt, oder an ihren roten Haaren oder ihren wunderschönen großen blauen Augen – nein, es ist vielmehr das Gesamtpaket. Alles zusammen strahlt das Versprechen aus: Alles wird gut!

In besagter Nacht drängte sie mich in ihrer unnachahmlich sanften, aber bestimmten Art, in die Karten zu gucken. Unser erster Fluchtversuch mit dem Diplomatenwagen war gerade gescheitert, und so saßen wir wieder zu Hause.

»Nun komm schon, Tommy, misch die Karten. Ich will sehen, ob wirklich alles gut geht, okay? Nur einmal, bitte.«

»Mama, nun hör doch mal auf mit dem Quatsch! Das ist doch alles Pillepalle«, sagte ich genervt. »Als wenn man aus den Scheißkarten irgendetwas ablesen könnte! Da, Pik As, Kreuz Neun, Herz Dame! Super! Du weißt doch ganz genau, was ich davon halte! Mir geht das tierisch auf den Sack. Wir haben nun wirklich über andere Sachen nachzudenken, oder? Warum ist denn dein Botschafter nicht gekommen? Und wer sagt dir eigentlich, dass er am nächsten Freitag auftauchen wird? Vielleicht hat er Manschetten bekommen, die Hose voll! Mensch, wir reden doch hier nicht von einem Badeurlaub an der Ostsee. Der riskiert doch seine ganze diplomatische Karriere! Vielleicht hat er es sich anders überlegt oder uns schon längst verpfiffen, und morgen früh steht die Stasi vor der Tür!«

»Junge, nun werd mal nicht hysterisch, er wird kommen, am nächsten Freitag, garantiert! Das hat mir der Afrikaner, den mir der Botschafter heute Morgen geschickt hat, fest zugesagt! Gleiche Stelle, gleiche Welle. Er kommt natürlich nicht mehr in die Wohnung. Zu riskant.«

»Mama, warum gerade ich, und nicht Peer oder Dirk?«, fragte ich leise.

»Das habe ich dir doch alles schon erklärt. Nur einer kann mitkommen, und du bist der Cleverste von euch Jungs. Mehr als zwei Leute passen nicht in den Kofferraum. Glaubst du, es ist mir leicht gefallen? Mit Peer verstehe ich mich nicht sonderlich, das weißt du ja. Und Dirk, mein Gott, Dirk ist ein Sensibelchen, ein Tagträumer, der würde das nie durchstehen. Ich möchte darüber bitte nicht mehr sprechen, bis wir drüben sind, klar? Du kannst ja immer noch hierbleiben, wenn du nach der Nummer heute den Mut verloren hast. Das würde ich verstehen. Ich weiß, ich kann mich auf dich verlassen, du würdest mich nicht verpfeifen. Aber ohne dich will ich eigentlich nicht gehen, so ganz allein ...«

»Du hast doch dann deinen Michel da drüben ...«

»Ach Junge, die Männer kommen und gehen, die Kinder bleiben!«

»Ja, aber wahrscheinlich bleiben nur zwei übrig, wenn unsere momentane Pechsträhne anhält!«, brauste ich auf.

»Ich habe doch gesagt, ich möchte darüber nicht mehr sprechen, basta! Glaubst du, das ist alles so einfach für mich? Es gibt auch noch einen ganz anderen Grund, warum ich hier weg will, nicht nur wegen Michel! Kannst du dich an den Erich erinnern, den Volkspolizisten letztes Jahr?«

»Den du hier unten im Hausflur besoffen gefunden hast? Klar doch, das war eine Riesengaudi. Mann, war der voll! Aber du musstest ja wieder den Samariter spielen und den Idioten sich hier in der Wohnung ausnüchtern lassen.«

»Ja, genau der. Aber er ist alles andere als ein Penner! Er hatte ja seine komplette Uniform an, mit Dienstwaffe, und wenn die Genossen ihn so gefunden hätten, dann wäre er wahrscheinlich in den Knast abmarschiert. Er hat sich bei mir bedankt und gesagt, er würde sich irgendwann mal revanchieren. Und was soll ich dir sagen, das hat er. Letzten Montag war er nämlich hier und hat mich gewarnt. Die wollen eine Aktion starten und alle ins Visier geratenen Personen verhören. Wahrscheinlich wegen Biermann und anderen Oppositionellen, werden ja auch immer mehr. Und ich sei auch auf der Liste, sagt er! Ich weiß nicht, ob ich so ein Verhör lange durchstehen würde. Selbst wenn Erich übertrieben haben sollte, ich habe einfach eine Riesenangst, mein Junge.«

»Also ist die Liebe gar nicht so groß, sondern du brauchst Michel für deine Flucht?«, hakte ich nach.

»Unsinn, es ist beides, Tommy. Jetzt mach mich hier nicht an, ich habe wirklich eine ganze Menge Probleme im Moment. Da brauche ich nicht noch deine Belehrungen.«

»Wir sollten uns nicht streiten, Mama. Mir geht nur so viel durch den Kopf, ich kann das alles nicht mehr richtig einordnen. Was ist, wenn die da eine Autowaage haben und feststellen, dass das Gewicht höher ist als mit nur einem Fahrer? Oder so eine Art Röntgengerät, mit dem sie die Karre durchleuchten? Wir reden hier vom Checkpoint Charlie. An der Mauer sind überall Schussanlagen, und wer weiß, was erst dort so alles montiert ist. Und was wird aus uns da drüben? Ohne einen Pfennig in der Tasche, wo werden wir wohnen? Und meine Lehre? Kann ich die da zu Ende machen? Was ist mit Oma, die bricht doch völlig zusammen, wenn sie mitkriegt, wo wir sind! Und würde man Oma danach noch rüberlassen? Als Rentnerin darf sie ja in den Westen reisen. Aber wenn ihre Tochter Republikflüchtling ist? Wir sind Verbrecher in diesem Staat, und zurück könnten wir erst dann wieder, wenn es diesen Scheißstaat nicht mehr gäbe. Gott allein weiß, wie wahrscheinlich das ist! Und wenn es Gott gar nicht gibt, auf wen oder was verlassen wir uns dann eigentlich? Auf deine Karten? Gestern hast du auch gesagt, alles geht glatt! Ich habe mich von allem hier still und leise verabschiedet, und du hast noch unten vor der Tür zu mir gesagt, dreh dich bloß nicht noch mal um, dann müssen wir wieder hierher zurück. Und? Da sind wir wieder, scheiße! Und auf eben diese Karten soll ich mich nun wieder verlassen?«

»Tomas, ich kann dich gut verstehen, du bist enttäuscht. Das bin ich auch, aber wir müssen positiv denken, nach vorne sehen, an uns glauben. Wir sollten jetzt etwas schlafen, es ist schon vier Uhr. In drei Stunden beginnt wieder der Alltag, und alles muss so aussehen wie immer. Bis nächsten Freitag. Und dann hauen wir hier endgültig ab!«

Sie drückte die wohl dreißigste Zigarette an diesem Tag aus, erhob sich und ging in Richtung ihres Schlafzimmers neben dem Atelier.

»In Ordnung, geh schlafen, Mama. Aber vergiss nicht, man nimmt sich selbst immer mit, egal wohin man reist. Sagt zumindest mein Erzeuger.«

»Klugscheißer!«

OMA HEDWIG

In all der ungewissen Zeit des Wartens beschäftige mich das bevorstehende Schicksal meiner geliebten Oma Hedwig mehr als das meiner beiden Brüder. Ich wusste einfach, Oma Hedwig würde es völlig aus der Bahn werfen, wenn sie von unserer, dann hoffentlich geglückten Flucht erfahren würde. Aber einweihen konnte ich sie auch nicht, sie wäre vor Angst um uns höchstwahrscheinlich sofort umgekippt.

Oma Hedwig bewohnte das erste der fünf Zimmer, das vom langen Flur unserer Altberliner Wohnung abging. Damit hatte sie die absolute Kontrolle über jeden, der kam oder ging, was ihr bei uns drei Jungs den liebevollen Spitznamen »Feldwebel« einbrachte. Ich mochte ihr Zimmer, das mit einer schrecklich bunten Blumencouch ausgestattet war und einem alten Klappbett. Jeden Morgen hievte sie das Monstrum in die entsprechende Lage, um gleich darauf das Bild ihres Mannes Florian, der nun schon mehr als achtzehn Jahre tot war, unmerklich ein kleines bisschen anders auf diesem kastenartigen Möbel zu positionieren. War das Bett in dieser Art Kommode mit Vorhang erst einmal verstaut, zog sie den Vorhang davor, dessen Rosenmuster auf geheimnisvolle Art mit den kitschigen Blümchen der Couch um die amüsierte Aufmerksamkeit eines jeden Betrachters zu kämpfen schien.

Im Zuge meiner inzwischen doch recht regelmäßigen, sexuell motivierten späten »Spaziergänge« steckte mir Oma beim Verlassen der Wohnung immer heimlich ihren Haus- und Wohnungsschlüssel zu –

denn nur sie und Mutter hatten einen. Wenn ich dann viel zu spät und von meiner Mutter unbemerkt nach Hause kam, ging ich zuerst in Omas Zimmer und setzte mich noch für einige Minuten zu ihr ans Bett. Meist musste ich sie sanft wecken, denn diese fleißige Frau, die beide Weltkriege und noch viel mehr hatte überstehen müssen, las für ihr Leben gern vor dem Einschlafen, aber sie schaffte meistens nur einige Seiten. Wenn ich ans Bett trat, lag sie, den Kopf inmitten des riesigen Kopfkissens, die Brille bis an die Nasenspitze herabgesunken, friedlich und leise schnarchend da, und ihre wunderschönen, von harter Arbeit gezeichneten alten Hände umklammerten ein Buch.

Was für ein schönes Gesicht! Oma war nun schon zweiundsiebzig Jahre alt und immer noch ziemlich fit. Ihre letzte Arbeitsstelle hatte sie aufgeben müssen, da sie dort beim Kartoffelschälen in der Küche ausgerutscht war und sich schwer am Kopf verletzt hatte. Manchmal war ihr das auch anzumerken, da sie viel vergaß. Allerdings nur Dinge, die sie gerade eben erledigen wollte. Ihr Langzeitgedächtnis war bestens in Schuss!

Viele Stunden lang erzählte sie mir von ihrer Kindheit in Bischofswalde in Pommern, von ihrem aufregenden Weg aus diesem Kaff mit nicht einmal tausend Einwohnern in die große Welt nach Berlin, wo sie ihren Florian kennenlernte und heiratete. Zwei Weltkriege hatte die tapfere Frau überstanden, den Zweiten Weltkrieg mit zwei Kindern, und den viel zu frühen Tod ihres Mannes 1957, der Anfang der Fünfziger aus langer russischer Gefangenschaft heimgekehrt war. Ich liebte diese Erzählungen über ihr so arbeits- und entbehrungsreiches Leben.

An einem solchen Abend weckte ich sie und berichtete aufgeregt von meiner neuen, alten großen Liebe Sabine und schwärmte derart ausschweifend, dass Oma wieder einzuschlafen drohte. Als mir dies bewusst wurde, fragte ich sie, um das Thema zu wechseln:

»Und Oma, was liest du da Schönes?«

»Ach Tommy, es ist ein russisches Buch«, sagte sie, »da geht es aber drunter und drüber! Du weißt ja, ich hatte nur einen Mann im ganzen

Leben, meinen Florian, aber die hier wechseln ja andauernd die Partner, du weißt schon, was ich damit meine?«

»Logisch, Oma!«, antwortete ich daraufhin weltmännisch.

»Sag mal, Junge, darf ich dich dann was fragen? Aber das muss unter uns bleiben, unbedingt! Ja? Also, hier im Buch steht: ›Er nahm sie von hinten …‹«

Nach einer kurzen Schocksekunde fand ich den Weltmann in mir wieder und beruhigte sie mit den Worten:

»Ach Oma, ich kann dir nun aus eigener Erfahrung versichern, das geht auch von hinten! Alles kommt da hin, wo es auch hin soll …«

»Gott sei Dank«, seufzte Oma glücklich und sank zurück in ihr übergroßes Kopfkissen.

Wie hätte ich diese Frau nicht über alles lieben können.

Oma Hedwig war die einzige Konstante in meiner Kindheit.

DAS WUNDER DER WALUSCHA

Mama zog ihre Beine an und streckte sie dann wieder zurück in die alte Position. Dasselbe tat sie nun in Zeitlupe mit den Armen, einem nach dem anderen. Es folgte ein verzweifelt klingender Seufzer.

Was mag ihr jetzt so durch den Kopf gehen? Denkt sie an die Vergangenheit, an die Zukunft? Ich stelle mir so etwas vor:

Der Henkel der blöden Handtasche hängt mir fast im Gesicht. Das Ding kitzelt mich, wenn wir in eine Kurve fahren. Ich muss gleich niesen. Ruhig, ganz ruhig, wenn Tommy das aushalten kann, werde ich es erst recht können. Wir hätten das mal in einem anderen Kofferraum testen sollen. Es ist irre warm hier drin, ich schwitze wie blöd. Wenn das hier mal nicht schiefgeht! Alles tut mir weh. Wie lange liegen wir hier nun schon? Was Michel jetzt wohl macht? Wartet er auf mich? Mit Freunden? Er wollte ja mit keiner Menschenseele über unsere Flucht sprechen. Wie ich mich auf ihn freue! Er wird mir die Welt zeigen, wir werden reisen und reisen. Hier in Ostberlin hatte er es nicht einfach. Die meisten Leute sahen ihn komisch an, wenn wir gemeinsam auf der Straße liefen. Was wird seine Familie zu der verrückten weißen Frau sagen? Aber er ist unglaublich lustig. Wie er beim Fleischer mal »ein Hühndchen« bestellte. Und die Verkäuferin: »Hier haben wir nur Geflüüüüügelllll! Keine Hunde, die essen wir hier nicht!«

Ob uns jemand verraten hat? Wäre durchaus möglich, aber dann hätten die uns doch erst gar nicht losfahren lassen, oder?

Ob die im Westen auf so ein gemischtes Pärchen auch so blöd reagieren werden? Wenn hier die Nachbarn mich fragten, ob der Neger am Wochenende wieder zu Besuch komme … Und andere riefen mir gleich »Negerhure« hinterher. Na, das hat jetzt hoffentlich ein Ende!

Auch Mutti war ja absolut gegen Michel. Sozialistische Bruderstaaten hin oder her, es würde sich nicht schicken, eine deutsche Frau mit einem Schwarzen …

Mein Gott, daran habe ich noch gar nicht gedacht: Was ist, wenn Michel eine Freundin im Westen hat? Oder verheiratet ist? Eigentlich weiß ich ja fast nichts von ihm.

Nur, dass er mir unheimlich viel Aufmerksamkeit entgegenbringt. Jedenfalls war das am Anfang so. So weit weg von zu Hause, alles ungewohnt und fremd, dann braucht man irgendwann eine Frau.

In Afrika gelten Frauen, an denen was dran ist, als schön.

Vielleicht werde ich im Westen wieder singen? In meinem »Atelier der Jugend« hab ich das ja regelmäßig gemacht. Darüber gibt es sogar einen Film. Wie heißt der gleich? »Nur ein bisschen Liebe«, glaube ich. Eine Zeitung schrieb: »Das Wunder der Waluscha«. Was war das schön! Die Kinder haben gemalt, dann kamen auch Erwachsene, und plötzlich haben Leute was vorgelesen, es wurde lebhaft diskutiert. Und schließlich kamen die Musiker, spielten spontane Sessions oder begleiteten mich als Sängerin. Und als es Beschwerden von Mietern aus dem Haus gab, klebten wir kurzerhand Eierkartons als Schallschutz an die Wände.

Was werde ich drüben erst alles auf die Beine stellen! So was wie mein »Atelier der Jugend« wäre bestimmt auch im Westen nicht verkehrt. Aber erst einmal will ich mich da gründlich umschauen. Und nach Afrika fahren, sobald ich mir das Ticket leisten kann.

Jetzt stehen wir wieder. Sind wir vielleicht schon da? Wird es jetzt ernst? Man kann gar nichts verstehen, dieser Auspuff macht einen fürchterlichen Krach.

Was mag in dem Fahrer vorgehen? Denkt er daran, dass seine Karriere mir nichts, dir nichts zu Ende sein könnte? Er sieht eigentlich gar nicht aus wie ein Chauffeur, eher wie ein Gelehrter, mit seiner großen hageren Gestalt und der filigranen Brille. Ich bewundere seinen Mut. Ich glaube nicht, dass viele Menschen das riskieren würden.

Tommy, wenn er in Westberlin nicht seine Lehre zu Ende macht – Dekorationsbauer haben die da doch wohl auch! –, nehme ich ihn mit nach Afrika, das wird ihm bestimmt gefallen …

Ich drohe wegzudösen. Mama kratzt sich am Kopf. Sie ist sehr unruhig. Meine Güte, wie lange das hier aber auch dauert …

Ich wünsche ihr von ganzem Herzen alles Glück der Erde, gerade auch mit ihrem Michel. Meine Mutter musste weiß Gott einiges aushalten. Den frühen Tod meiner kleinen Schwester Tanja hat sie nie richtig verwunden. Und die Ehe mit meinem Vater verlief ja auch alles andere als beschaulich. Glücklicherweise fand sie irgendwann die Kraft, sich zu trennen. Aber wie sagte Oma immer so treffend: »Man kippt kein altes Wasser aus, bevor man neues hat!«

Ohne ihren ersten schwarzen Freund hätte sie das wohl nie gemacht.

Ihre unerschütterliche Liebe zu meinem Vater hatte mich schon als Kind beeindruckt. Ich stellte mir oft vor, wie es wohl war, als sich die beiden kennen- und lieben lernten. Mama hatte ihre Ehe mit dem Vater von Peer beendet, und dann trat das Genie in ihr Leben. Aus Erzählungen wusste ich, dass sich die beiden damals mit einem ganzen Sack voll Illusionen ins Leben stürzten. Meine Eltern waren zu Beginn ihrer Ehe gerade mal einundzwanzig und dreiundzwanzig Jahre alt. Die drei gemeinsamen Kinder wurden kurz hintereinander geboren, ich im Jahre 1958, Dirk gleich danach 1959, und 1961 kam schließlich Tanja. Peer ist Jahrgang 1957 und der Einzige von uns, den Opa Florian, Oma Hedwigs Mann, als Baby noch miterlebt hat. Opa Florian starb im Mai 1957 an den Folgen seiner langen russischen Kriegsgefangenschaft.

Die einzige Beziehung meiner Oma Hedwig mit einem Mann hielt also neunundzwanzig Jahre. Eine Ewigkeit! Heiraten werde *ich* auf jeden Fall nicht so schnell.

DIE SCHEIDUNG MEINER ELTERN

Wie so vieles lief auch die Trennung meiner Eltern theaterreif ab.

Pat übte gerade im Wohnzimmer einen seiner Auftritte, als meine Mutter ihm ihre Entscheidung mitteilte. Wir drei Jungs lauschten wie gebannt an der großen Flügeltür, die das Wohnzimmer vom Atelier meiner Mutter trennte. Mein Vater gestikulierte in der Luft herum und rief aus:

»Das Universum hat ein Dreigestirn von großen Geistern hervorgebracht, Karl Marx, Francois Villon und – MICH!«

»Pat, die Kinder schlafen, du bist zu laut, kommst du mal bitte? Wir müssen reden!«

»Na, dann leg dich schon mal hin!«

»Das ist nicht der richtige Augenblick für Komik.«

»Was gibt es denn so Wichtiges? Wichtiger als mein neues Francois-Villon-Programm?«

Mamas Stimme gewann an Kraft:

»Natürlich nichts, aber es wird sowieso wieder Monate dauern, ehe du damit auftreten wirst. Also, Pat, höre bitte genau zu, ich trenne mich von dir, ich will die Scheidung!«

Wir drei Jungs hielten den Atem an und erwarteten einen Ausbruch unseres Erzeugers. Aber alles blieb erstaunlich ruhig.

»Die was? Scheidung? Habe ich hier irgendetwas verpasst?«

»Das kann man wohl sagen! So oft, wie du nicht hier bist! Kurz gesagt, ich ertrage dich einfach nicht mehr, dieses ewige Gesaufe, deine Anfälle und Frustrationen. Und deine ständige Rumtreiberei! Ich muss mich jetzt um mich kümmern, jetzt bin ich mal wichtig.«

Mein Vater erwiderte ungerührt:

»Schon Nietzsche sagte, wenn du zum ...«

»Leck mich am Arsch mit deinem Nietzsche und deinem Kant und deinem Hegel, und mit deinem heiß geliebten Karl Marx auch!«, donnerte Mama los. »Ich kann das alles nicht mehr hören! Immer die gleiche Leier, nur Theorien, und vor allem Theorien darüber, warum du aus diesem und aus jenem Grunde kein anderer sein kannst als du bist, nichts machen kannst gegen deine Natur ... Bla, bla, bla ... Selbst ein Hund lernt irgendwann etwas dazu ...«

»Vollkommen richtig! Jeder kann nur der sein, der er nun mal ist. Ich weiß, das schmeckt den meisten Menschenkindern nicht, sie wollen unbedingt die Veränderung des anderen, aber sich selbst verändern, das können sie nun mal nicht. Wie tragisch! Der Mensch ist nur zum Teil das Produkt seiner Umwelt. Viel entscheidender scheint mir die Tatsache zu sein, wie er zusammengevögelt wurde. Und wie es so den Anschein hat, bin ich ein herrlich gelungener Egoist.«

»Wir sind hier nicht in einem deiner Stücke, Pat. Ich kann dir nicht länger dein bequemes, egoistisches Leben wattieren. Du ziehst aus!«

»Wohin denn bitte? Das ist doch alles gequirlte Scheiße.«

»In die Wohnung meiner Mutter! Und sie zieht in dein Arbeitszimmer.«

»Ah, abgeschoben in die Wohnung der Schwiegermutter. Die steckt also mit im Bunde – scheint ja alles bestens vorbereitet zu sein. Die konnte mich von Anfang an nicht leiden, die gute, fleißige Frau. Für die war ich immer nur ein Spinner, der sich überall durchfrisst. Weißt du eigentlich, warum der Garten Eden ein wahres Paradies war? Gott, Adam und Eva – keine Schwiegermutter!«

»Nun werde bitte nicht albern, Pat, es ist ganz alleine meine Entscheidung. Ich habe dir wieder und wieder verziehen, deinen Alkoholismus, die Prügelei, das Geschrei in den Nächten und deine Affären. Als Krönung hast du auf einer deiner ›Tourneen‹ die Zwillinge gezeugt, Constanze und Natascha, die müssten inzwischen zwei Jahre alt sein. Hast du da je Verantwortung übernommen?«

»Was …«

Mama ließ ihn nicht zu Wort kommen. Sie wollte es zu Ende bringen und fuhr mit gesenktem Blick fort: »Außerdem habe ich jemanden kennengelernt, der mich liebt und so nimmt, wie ich bin, und nicht andauernd versucht, mir seine Philosophien einzudrehen. Er hat mich wachgeküsst. Marcelino heißt er und ist Afrikaner. Er studiert hier.«

Wir drei Jungs hielten den Atem erneut an und hörten Vater in seiner unnachahmlichen arroganten Theaterstimme sagen:

»Oho, Madame gönnt sich was Exotisches!«

»Pat, jetzt wirst du peinlich. Außerdem musst du dich nach dieser Vorlage fragen lassen, was du eigentlich für unsere Kinder tust. Die brauchen so profane Dinge wie Zirkelkästen, Schulhefte, neue Schuhe – die Stromrechnung ist übrigens noch nicht bezahlt –, und sie brauchen darüber hinaus Zuwendung, Verständnis und vor allem Liebe, auch die ihres Vaters! Ist das exotisch genug für dich?«

Das saß!

»Entschuldige, du hast recht. Wir sollten das Problem vernünftig analysieren und dann sehen, wie es weitergeht. Wozu hat der Mensch denn seinen Geist? Natürlich gönne ich dir dein kleines Abenteuer …«

Wir Jungs mussten uns das Lachen verkneifen … witzig war er ja wirklich, der alte Herr …

»Pat, es ist endgültig. Also pack bitte deine Sachen. Nimm mit, was du brauchst. Die Kinder bleiben hier, alle drei! Ich nehme an, das ist in deinem Sinne.«

»Einfach so. Ende – aus – Banane? Entschuldige, war nicht auf deinen Afro gemünzt.«

»Spinner!«

Mama und Vater fingen an zu rauchen.

»Was genau wirfst du mir denn vor? Dass ich nicht so ein erfolgreicher Schauspieler geworden bin wie Manne? Dass mir die Welt so, wie sie nun mal ist, nicht gefällt? Da gab es vor mir schon ganz andere Menschen, die zerbrochen sind! Fjodor Michailowitsch Dostojewski beispielsweise …«

»Bitte, Pat, fange jetzt nicht wieder vom Urschleim an; sei nur einmal ein Mann, der weiß, wann Schluss ist, und höre bitte auf, retten zu wollen, was nicht mehr zu retten ist.«

»Und was, bitte schön, sollte das denn sein?«

»Unsere Liebe, du Idiot. Unsere geistige Verbundenheit, dieses ›Wir gegen den Rest der Welt‹, all das gibt es doch schon lange nicht mehr. Ich bin jetzt über vierzig und kann und will mir einfach nicht vorstellen, dass das alles war für mich. Die Kinder, der Haushalt, dieses ewige Warten auf dich: Wann kommt der große Philosoph nach Hause, morgen, in einer Woche, in vier Monaten, es war ja alles schon dabei, oder kommt er überhaupt noch zurück zur Familie? Oder bleibt er bei einer seiner Geliebten hängen? Weißt du, Pat, es ist ziemlich einfach, eine Familie zu Hause sitzen zu haben, um dann locker einer anderen Frau zu imponieren. Mit deinem Geist, deiner brillanten Dialektik, deinem … deinem Charme und deinem interessanten Auftreten …«

Ihr versagte die Stimme. Mein Vater ließ einige Zeit vergehen.

»Verdammt noch mal, was ist denn bloß in dich gefahren? Wegen einer Affäre willst du alles gleich hinschmeißen? Wir haben doch so schon einen schweren Stand hier, in diesem verlogenen Staat. Und dann noch mit einem Afrikaner im Haus. Der Stasifuzzi im ersten Stock kriegt doch Schwielen an seinen Fingern. Viele Berichte wird er schreiben! Das gibt Ärger, meine Liebe, das kann ich dir sagen!«

»Pat, ich bin so unsagbar müde, bitte geh jetzt.«

Wir drei Spitzel verzogen uns so leise wie möglich in unsere Kinderzimmer, und jeder ging das Unfassbare für sich noch einmal durch.

Mein Vater ist am nächsten Tag wirklich umgezogen – sagen wir mal – worden. Er hatte ordentlich einen sitzen und ließ sich bei bester Stimmung in die neue Wohnung verfrachten. Es ist zwar immer schrecklich für Kinder, wenn sich die Eltern trennen, aber in diesem Fall waren wir allesamt sehr froh darüber, kehrte doch nun eine fast gespenstische Ruhe ein in der großen Wohnung. Aus dem ehemaligen Arbeitszimmer meines Vaters war jedenfalls nichts Beängstigendes mehr zu hören.

Oma Hedwig machte es sich darin gemütlich, und so verwandelte sich der einstige Quell ständiger Verwirrung in ein beliebtes Nest für uns Jungs. Oma hatte einen kleinen Fernseher, immer ein Leckerli parat und auch das eine oder andere Taschengeld. Die Ehe meiner Eltern war fortan Geschichte.

KÜNSTLER IN WEST UND OST

Durch Mamas schwarze Freunde hielt auch die Soulmusik bei uns Einzug. Barry White, James Brown, die Isley Brothers und natürlich Carl Douglas, dessen Hit »Kung Fu Fighting« mein absoluter Lieblingssong war. Ansonsten hörten wir die Schlager der Woche vom RIAS mit Lord Knut oder *Hey Music* im SFB mit Jürgen Jürgens. Oder wir sahen die *ZDF-Hitparade* mit Dieter Thomas Heck oder bestaunten unsere Lieblingsstars in der Sendung *Disco* mit Ilja Richter. So schnupperten wir Ostberliner ein wenig Westatmosphäre. Diese Westkünstler waren für uns zwar so unerreichbar wie der Mars, gehörten aber durch das Fernsehen zu unserem Leben in Ostberlin. Das, was wir in den Musiksendungen des Westfernsehens sahen, prägte natürlich unsere Meinung stark mit.

Von den DDR-Gruppen interessierten mich nur wenige, ich hatte mich fast ausschließlich der Westmusik verschrieben. Mit Ausnahme von Nina Hagens »Du hast den Farbfilm vergessen«. Das war ein Gassenhauer, der auf keiner Fete fehlte, weil er ganz anders war als alles, was die sozialistische Unterhaltung sonst zu bieten hatte. Den mochte ich. Und ich sah oft die Sendung *Ein Kessel Buntes*, die DDR-Konkurrenz zu den vielen Samstagabendshows des Westens, in der auch Künstler aus dem Westen auftraten.

Anfang des Jahres begleitete ich meine Mutter auf eine Fete mit vielen Afrikanern in der Christburger Straße. Da ging aber die Post ab!

Eine hübsche Afrikanerin zog mich auf die Tanzfläche, und um mich herum tanzten alle ziemlich sexy, Schwarze und Weiße, Männer und Frauen. James Brown schmetterte sein »Sexmachine« in den Raum, und da stand ich nun. Mein Herz fühlte den Beat, aber irgendwie hatte ich vergessen, meinem Körper mitzuteilen, dass wir jetzt auch tänzerisch ausdrücken wollten, was wir fühlen. So stakste ich mit meinem ostzonalen »einen Schritt nach links, Bein nachziehen, einen Schritt nach rechts, anderes Bein nachziehen« um meine schöne Tanzpartnerin herum. Ein scheuer Blick in ihre Augen ließ mich ihre Belustigung erkennen, und ich verkrampfte immer mehr. Mama tanzte auf der improvisierten Tanzfläche inmitten des Wohnzimmers an mir vorbei. Sie war voll in ihrem Element.

»Immer schön locker aus der Hüfte, Tommy!«, raunte sie mir zu. Das war überhaupt nicht hilfreich in dieser Situation, und so sehnte ich das Ende des Songs herbei, der sich natürlich als überlange Liveversion entpuppte …

Neben den Westmusikern aus dem Fernsehen gab es aber noch andere Künstler, nämlich die in Ostberlin, mit denen meine Mutter bekannt oder befreundet war. Diese Welt erlebte ich hautnah, live und in Farbe. Mama nahm mich schon von klein auf mit, wenn sie sich in der Stadt mit Freunden traf. Unvergessen geblieben ist mir das Pressecafé in der Friedrichstraße, das direkt am Bahnhof gleich neben dem Metropoltheater lag. Dort verkehrte die DDR-Bohème, und dort lernte ich an Mamas Seite so manchen meiner Lieblingsschauspieler kennenlernen: Rolf Ludwig, Gojko Mitic (unseren DDR-Winnetou), Rolf Hoppe und viele mehr. Und dann gab es da noch Manfred Krug, Onkel Manne, der in den früheren Jahren meiner Kindheit mit meinen Eltern befreundet war. Ich erinnere mich noch an folgende Szene: Wir drei Brüder lagen im Bett, als an der großen Altberliner Flügeltür zu unserem Kinderzimmer eine Hand erschien, die behauptete, das Sandmännchen zu sein, und uns ermahnte, endlich einzuschlafen. Hinter der Hand war ein großer kahler Schädel zu erkennen, wodurch uns klar war, dass es sich um Onkel Manne handelte.

Wie Mama mir berichtete, erkaltete dann die Freundschaft zwischen ihnen, da mein Vater an allem herumkritisierte, ohne selbst sonderlich aktiv zu sein, während Onkel Manne von einem Erfolg zum nächsten wanderte. Unzählige Filme machten ihn ebenso berühmt wie seine vielen Gesangsauftritte quer durch die DDR. Seine Interpretationen der Songs »Es steht ein Haus in New Orleans« und »Wenn du schläfst, mein Kind« gehören zu meiner Kindheit wie der Käsekuchen meiner Oma.

Natürlich war nicht alles so idyllisch, wie ich es hier schildere. Oft saßen um Mama besorgte Künstler, Schauspieler, Regisseure, Ärzte, Schriftsteller und andere Freunde herum, die bis tief in die Nacht hinein diskutierten. Wir Kinder konnten oft nicht verstehen, um was es da genau ging, nahmen aber die angespannte Stimmung wahr. Namen wie Che Guevara, Havemann und Biermann schwirrten durch den Raum, es wurde aus Stücken sowjetischer Dissidenten vorgelesen. Dabei wurde viel Wodka getrunken. Oft sammelte man auch Geld oder versuchte, jemandem eine andere Arbeit zu vermitteln. Das alles wirkte auf mich beängstigend, es war deutlich spürbar, dass hier etwas Verbotenes, Gefährliches stattfand. Eines Tages kam ein Schriftsteller, ein alter Freund von Mama, zu Besuch und erzählte, dass die Stasi ihn anheuern wolle. Er und Mama saßen in der Küche, die an unser Kinderzimmer grenzte. Mit einem Schraubenzieher hatten wir ein Loch in die Wand gebohrt, um alles beobachten und belauschen zu können, was in der Küche geschah, und zwar weniger aus Neugier als aus Sorge: Immer wenn unser Vater im Suff laut wurde, lugten wir Jungs da durch, um zu wissen, wann der Streit in körperliche Gewalt gegen Mama umzuschlagen drohte. Dann rannte einer von uns in die Küche, um nach einem Glas Milch oder etwas anderem zu fragen und die Lage zu entspannen.

Meistens half das, leider nicht immer.

Durch genau dieses Loch sah und hörte ich also den treuen Freund berichten, er sei mehrfach in einem Raum ohne Türklinken und Fenster zu einigen Freunden verhört worden. Auch zur Person meiner Mutter. Man habe ihm eine inoffizielle Mitarbeit für das Ministerium der Staatssicherheit nahegelegt und durchblicken lassen, dies wäre für ihn und seine Familie der beste Weg. Nachdem über ihn ja bereits ein Berufsverbot wegen DDR-kritischer Schriften verhängt worden war, würde er wohl sonst über kurz oder lang einsitzen müssen. Der Mann saß völlig verzweifelt da und gestand, dieser Art Druck nicht gewachsen gewesen zu sein und das Angebot angenommen zu haben. Nun wollte er einen Rat, wie er sich meiner Mutter gegenüber verhalten solle. Mama und ihr Freund sahen sich minutenlang schweigend an, bis sie plötzlich aufstand und sagte: »Ich danke dir für deinen Mut zur Ehrlichkeit. Mach, was immer für dich das Beste ist, aber komm nicht mehr her, okay? Ich habe drei Kinder… so, das war's!«

DIE MILCHSTRASSE

Meine straßenköterblonden langen Haare, auf die ich, wie alle anderen coolen Jungs, furchtbar stolz bin, verheddern sich ein wenig mit dem rauen Wagenboden, und ich ziehe den Kopf leicht zurück. Die Decke, auf der wir liegen, riecht nach Autowerkstatt. Mama hebt fragend den Kopf. Als ich ihre Schulter drücke, lässt sie sich zurücksinken.

Ob sie sich mit Träumereien über Afrika ablenkt?

Afrika war Mamas Traum. Sie sprach oft davon, dort in einem kleinen Haus am Meer zu wohnen und nur noch zu malen. Und malen konnte Mama! Einige ihrer Aktbilder stellte sie sogar im berühmten Künstlerklub »Die Möwe« aus, in dem Carl Zuckmayer, Gustav Gründgens, Hans Albers, Erich Kästner, Sophia Loren und Yves Montand ebenso zu Gast waren oder gewesen waren wie Bertolt Brecht und Helene Weigel, die nach ihrer Rückkehr aus dem amerikanischen Exil zeitweise hier sogar wohnten. Einmal hängte Mama ein paar Bilder mit nackten Frauenbrüsten auf und nannte die Ausstellung: »Die Milchstraße«. Neben der Aktmalerei lag ihre Stärke im Portraitieren von Menschen. So malte sie beispielsweise den berühmten Schauspieler Wolf Kaiser, der unter anderem Caesar und Macbeth am Theater gespielt und auch in unzähligen Filmen mitgewirkt hat. Und auch den Schauspieler Günther Simon, berühmt geworden durch seine Darstellung des Ernst Thälmann und viele andere Rollen. Was wird eigentlich jetzt aus Mamas Bildern?

Oder kämpft sie gerade mit ihrem schlechten Gewissen, weil sie meine Brüder zurücklassen musste? Sicher werden wir sofort versuchen, die beiden nachzuholen, aber eine Flucht will gut organisiert sein. Und wollen die das dann überhaupt? Schwer zu sagen, aber ich denke, ja.

Es gibt ja noch die Möglichkeit des Freikaufens – für die DDR eine weitere gute Gelegenheit, um an Devisen zu kommen. Man weiß das in Künstlerkreisen, und Mama kennt sogar den Anwalt, der für die DDR mit den zahlungsbereiten Westlern die Modalitäten aushandelt. Der Rechtsanwalt Wolfgang Vogel hat, wie man sich erzählt, schon den ersten Agentenaustausch auf der Glienicker Brücke organisiert. Er wurde unter Honecker dann offizieller Beauftragter für humanitäre Fragen, und ohne ihn läuft nichts mehr.

Der Westen zahlt nach Kenntnis meiner Mutter auch bei Familienzusammenführungen. Sollten wir heil ankommen, könnte Mama Kontakt zu dem Rechtsanwalt aufnehmen und Peer und Dirk nachkommen lassen. Das hat Mama mir zumindest immer wieder versichert, wahrscheinlich um sich selbst ihre moralisch bedenkliche Entscheidung etwas leichter zu machen. Wir werden sehen. Aber falls der Staat drüben nicht für Per und Dirk blecht, müssen wir richtig eigene Kohle zusammenkratzen. Und das wird sicher dauern …

Mann, jetzt stehen wir aber schon lange, länger als bisher. Sind wir am Checkpoint? Ich glaube, ja. Ich halte die Luft an und höre das Hämmern meines Herzens in den Ohren. Wird aber auch Zeit, ich ersticke hier drin sonst noch. Ich lausche, darin bin ich ja geübt. Aber es ist viel zu laut. Unser Chauffeur in die Freiheit ist auch nicht zu hören. Jetzt fährt er wieder an. Fehlalarm, na prima. Bleib ruhig, sage ich mir und hole tief Luft, was sich als nicht so clever herausstellt, da es nur die leichten Kopfschmerzen verstärkt, die ich seit ein paar Minuten habe. Aber irre ist das hier schon. Was werden meine Kumpels sagen, wenn sie davon hören? Feiern werden sie heimlich, so wie wir das immer taten, wenn uns von einem berichtet wurde, der in den Westen geflohen war. Und Sabine? Ich werde ihr einen Brief schreiben und den Oma mitgeben, wenn sie wieder reisen kann, als Rentnerin. Einen Brief direkt mit der Post würden die sowieso abfangen.

Guter Plan. Apropos Plan ...

DER PLAN

Ich habe meiner Mutter nie gesagt, dass ich schon von ihrer Fluchtidee wusste, bevor sie mich darin einweihte. Zu meinen schlechten Angewohnheiten damals gehörte es nämlich, anderer Leute Gespräche zu belauschen, wenn diese sich als für mich interessant herausstellten.

Und so belauschte ich eines Tages Mama mit ihrem heiß geliebten neuen Freund Michel aus dem fernen Afrika. Die beiden waren im Zimmer neben meinem Kinderzimmer, und ich konnte jedes einzelne Wort verstehen, wenn ich ganz nah an die Wand rückte.

Mama sagte: »Nein, mein Herz, wir müssen das ganz spontan machen! Ohne lange Planung. Wenn man lange plant, gibt es zu viele Risiken. Wir treffen uns am Donnerstag in Buch gleich neben dem Krankenhaus, genau da, wo wir vorhin waren. Überleg es dir bitte gut, es ist mehr als gefährlich für deinen Freund!«

»Nein«, sagte Michel, »du musst hier raus, das habe ich verstanden. Du gehörst hier einfach nicht hin. Eine Frau wie du muss sich entfalten, frei sein wie ein Schmetterling, hier gehst du ein!«

Dann küssten sie sich wohl lange, denn es war nichts zu hören.

»Hast du dich entschieden, wen du mitnimmst?«, erkundigte sich Michel nach einer Weile. Jetzt wurde es spannend für mich.

»Tommy, ich glaube, das ist am besten so. Ist das okay für dich?«

Mir blieb fast das Herz stehen.

»Was immer du willst, Chéri. Du packst das schon.«

»Ach, ich weiß nicht, fühle mich beschissen dabei, die anderen hierzulassen. Aber es geht ja nun mal nicht anders. Die Götter werden mir dafür früher oder später eine reinhauen, das weiß ich!«

Michel versuchte, sie zu besänftigen.

»Nun mach dir nicht so viele Sorgen, ihr steigt in den Kofferraum, mein Freund der Botschafter macht den Chauffeur, und schon seid ihr drüben. Weiß Tommy schon Bescheid?«

»Nein, bis eben wusste ich ja selbst nicht, ob wir es riskieren werden. Aber nun steht mein Entschluss fest. Ich sage es ihm Mittwochnacht. Dann muss er nicht solange darüber grübeln.«

»Und wenn er nicht will? Was machst du dann?«

»Er wird mitwollen, er liebt mich viel zu sehr!«

»So wie ich dich auch. Man muss dich einfach lieben, du bist ein Naturereignis.«

Das gefiel Mama natürlich, und so flötete sie zurück: »Du bist so süß! Ich freue mich auf unser Leben da drüben. Werden wir in Afrika leben? Komm, erzähl mir ein bisschen was von Afrika, lass mich ein wenig träumen.«

»Natürlich werden wir meine Familie da besuchen, aber ich werde versuchen, in Frankreich einen Job zu bekommen, da wollte ich schon immer hin. Paris ist einzigartig, du wirst sehen. Und für dich als Malerin wird es traumhaft sein! Wir trinken was in einem Café auf den Champs-Élysées und gehen dann hoch nach Montmartre. Da sitzen viele Maler und stellen ihre Bilder aus – du wirst es lieben.«

»Ja, aber dann brauche ich auch mein Atelier. Ich muss ja alles hier lassen, meine ganzen Bilder, die Farben, einfach alles!«

Ich weiß nicht genau, warum, aber nun hielt ich es nicht mehr aus und stapfte in das Zimmer.

»Mama, weißt du, wo meine Jeans abgeblieben sind? In der Wäsche sind sie ...«

Ich blieb entsetzt stehen und starrte auf die Szene vor mir. Michel und Mama zogen schnell die Decken heran und versuchten, sich notdürftig damit zu bedecken.

»Oh, pardon, ich wusste nicht, dass du Besuch hast. Äh, Verzeihung, äh, ich bin Tommy«, stieß ich hervor und ärgerte mich über die aufsteigende Eifersucht in mir. Ich hielt Michel meine ausgestreckte Hand aus einiger Entfernung entgegen, aber der blieb regungslos sitzen und sah so aus, als hätte er ein Gespenst gesehen. Da zog ich schnell die Hand zurück und ging hinaus. Dabei rief ich noch: »Du, Mama, das mit der Jeans hat Zeit bis morgen, Nacht dann.«

Natürlich lauschte ich weiter und hörte meine Mutter sagen: »Ich komme mir vor wie sechzehn, irgendwie so ertappt«, worauf der Liebhaber meiner geliebten Mutter raunte: »C'est la vie!«

Beide lachen. Michel nahm dann wohl Mama in seine Arme und küsste sie leidenschaftlich. So jedenfalls sah das vor meinem geistigen Auge aus, noch viele Tage lang. Und noch viel schlimmere Szenarien spielten sich da ab: Ich sah mich in Afrika am Ende der Welt nach Nahrung suchen ... blöde Alpträume.

Ich begann darüber nachzudenken, ob ich das alles hier wirklich verlassen konnte, einfach so.

Mir geht es in Ostberlin ja eigentlich nicht schlecht, ich bin ebenso dünn wie vorlaut, meine Freundin liebt mich, ich habe eine ganze Menge Kumpels hier in meinem Prenzlauer Berger Kiez, den ich liebe, ich kenne die Kneipen, kenne die Leute und ihre Geschichten. Ich habe ein Zuhause.

MAMA WIRD NERVÖSER

Mama ist jetzt wieder sehr unruhig. Mir kommen ihre kleinen Bewegungen vor wie Gymnastikübungen.

Wie lange dauert das denn bloß noch? Wir müssen doch schon Stunden fahren! Mist, meine Uhr ist in der Handtasche, aber das kann ich jetzt nicht riskieren. Ist doch sowieso egal, wie spät es ist, hoffentlich nicht zu spät. Tommy ist ganz ruhig, mein Gott, wie tapfer er ist. Es muss doch furchtbar für ihn sein. Hätte ich lieber allein abhauen sollen? Mensch, was denke ich denn hier für einen Unsinn! Mir tut die ganze linke Seite weh, hoffentlich ist es nicht wieder das Herz! Ich kriege keine Luft mehr, ich könnte laut losschreien, ich kann nicht mehr! Ich muss mich zusammenreißen, der Kleine kann es ja auch! Ich will nicht in den Knast, auf keinen Fall, da sind die Töchter von Hitlers Aufseherinnen zu Gange, hat Barbara mir erzählt. Die dumme Kuh wollte vor Jahren mit einem gefälschten Pass von Warschau aus in den Westen fliehen, was für eine Schnapsidee. Natürlich haben die sie erwischt. Na ja, die Nummer, die wir hier versuchen, ist auch nicht viel besser. Babsi musste stundenlang im kalten Wasser rumlaufen. Damit sie ihren Fluchthelfer verrät. Hat sie aber nicht. Sie selbst saß ja vier Jahre ab, der Fluchthelfer hätte wahrscheinlich fünfzehn Jahre bekommen. Was ist das für ein Staat, der Leute wegsperrt, nur weil sie reisen wollen. Die meisten würden doch sicher wieder in die DDR zurückkehren, allein schon ihrer Familien zuliebe. Wie blöd sind die eigentlich da oben? Ewig kann das so ja nicht weitergehen. Irgendwann rennen die Leute einfach zu Hunderten die Mauer nieder, hoffe ich mal. Ich bekomme keine Luft, oder bilde ich mir das nur ein? Atmet Tommy noch? Ja, da, ich kann seinen Herzschlag genau fühlen, er macht ganz ruhige, gleichmäßige Atemzüge, Gott sei Dank.

Wir halten einmal mehr. Langsam gewöhne ich mich daran, es ist immer in etwa der gleiche Rhythmus von Fahren und Stehen. Der Botschafter biegt andauernd ab, dann fährt er wieder eine ganze Weile geradeaus, da, schon wieder stehen wir, aber der Blinker geht rechts, wieder eine Ampel. Die Karre ist beschissen gefedert, wir hätten mehr Decken drunterlegen sollen, bei jeder Bodenwelle bekommen wir einen kleinen Schlag ab, aber egal. Schlimm ist eigentlich nur, dass man so passiv hier herumliegt und nicht selbst eingreifen kann. Wäre mir lieber, wenn wir laufen oder sogar rennen könnten. Andererseits ist es so ganz gut, man wartet, bis es vorbei ist, so oder so. Mama bewegt sich jetzt viel mehr als vorhin. Eingesperrt in dieses Stück Blech fühle ich mich ihr jetzt nicht nur räumlich sehr nahe.

Was ist denn nun los? Wir stehen, wir stehen immer noch! Jetzt wird es ernst, wir sind wohl endlich am Checkpoint! Nee, doch noch nicht, mein Gott, fährt der da vorne über Warschau zum Checkpoint Charlie?

DIE REISE NACH WARSCHAU

In Warschau war ich schon gewesen, Anfang des Jahres.

Oma Hedwig bereitete an diesem Tag wie immer das Frühstück zu, als ich in die Küche kam.

»Morgen Tommy, setz dich. Wie hättest du deine Eier gern, gekocht oder Rühreier?«

»Gestreichelt!«

Oma guckte wie eine zwölfjährige Göre, lächelte verschmitzt und sagte strafend: »Junge, nicht solche Reden zu einer grundanständigen Frau!«

Wir lachten beide herzhaft, aber Omas Stimmung kippte, als sie das Essen auf den Tisch gestellt hatte, ins Traurige.

»Was ist? Was bedrückt dich, Oma?«, hakte ich nach.

»Deine Mutter ist ja vorgestern weggefahren, um sich mit ihrem Michel in Warschau treffen. Die wollen da irgendwas verhökern oder kaufen, ich weiß nicht so genau. Ich mache mir Sorgen, weil sie eigentlich schon gestern wieder zurück sein wollten.«

Das Verhältnis von Mutter und Tochter war ja ziemlich angespannt, und Oma mochte die farbigen Partner ihrer Tochter überhaupt nicht, aber Mutter bleibt Mutter und Mütter sorgen sich!

»Weißt du denn, wo genau?«, fragte ich.

Oma ging in ihr Zimmer und kam mit einem kleinen Zettel zurück.

»Hier, in dem Hotel treffen sie sich. Ich habe mich gefragt, ob du nicht hinterherfahren solltest, um nach ihr zu sehen. Ich habe kein Auge zugemacht gestern Nacht.«

Das kam überraschend. Ich nach Warschau?

»Wie soll das gehen, Oma? Ich allein?«

»Ja, mit dem Zug, vom Ostbahnhof direkt.«

Ich verzog mich ins Bad und dachte nach.

Gut, ich war sechzehn Jahre alt und konnte schon alleine reisen. Der Ausweis lag in meinem Zimmer. Ich ging in die Küche zurück.

»Also gut, Oma. Ich mache das. Aber ich brauche Fahrgeld.«

»Kein Problem«, meinte Oma, und ich begriff, wie sehr sie in Sorge war, denn vor ihr lag schon das Geld.

»Hier, für die Straßenbahn bis Ostbahnhof, und dann hier für die Hinfahrt. Zurück brauchst du nichts, da ist ja deine Mutter wieder bei dir.«

Ich steckte den Zettel mit der Hoteladresse ein.

»Und wann soll ich fahren?«

»Heute Mittag geht ein Zug. Unser Nachbar war beruflich schon öfter da, den habe ich vorhin gefragt. Er kennt auch das Hotel, es soll nur ein paar Meter weg sein vom Zentralbahnhof.«

Oma holte die Umhängetasche in schönstem Pionierblau, die ich mal im Pionierferienlager bekommen hatte, aus einem Schrank. Sie schmierte mir für unterwegs Stullen und kochte zwei Eier hart. Dazu legte sie einen Apfel und eine halbe Tafel Schokolade.

»Dann muss ich mich aber für heute krankschreiben lassen. Ich geh dann mal in die Poliklinik um die Ecke. Bis gleich!«

Das Krankenhaus lag nur sieben Häuser weiter in der Christburger Straße. Dort kannte ich einen Arzt, der mich wegen meiner chronischen Nierenbeckenentzündung schon des Öfteren krankgeschrieben hatte. Ich klagte kurz über Schmerzen und war nach dreißig Minuten wieder bei Oma. Einige Stunden später verabschiedete ich mich von ihr.

»Pass auf dich auf, mein Junge, hörste, und lass dich nicht ansprechen! Es ist ein Haufen Gesindel unterwegs!«

Ich drückte sie lange und dachte, dass sie wohl so ähnlich ihren Mann verabschiedet haben musste, als dieser in den Krieg zog.

Im Zug setzte ich mich an ein Fenster und spürte eine angenehme Abenteuerlust in mir aufsteigen. An der Grenze wurden mein Ausweis und mein Gepäck erst von DDR-Grenzern kontrolliert, dann gleich darauf von polnischen Genossen. Unsere Polizisten fragten mich, wo ich denn hinwolle, und ich antwortete wahrheitsgemäß. Das war schon alles. Kleine Dörfer und weite Felder zogen an mir vorbei, es war kalt im Zug. Ich hatte meine Handschuhe und die dicke Nylonjacke anbehalten und döste vor mich hin.

Dann stand ich auf den Straßen Warschaus. Mein erster Gedanke war: Sieht aus wie bei uns. Ein Mix aus alten Häusern und sozialistischem Plattenbau. Ich weiß nicht, was ich mir vorgestellt hatte. Der Weg vom Bahnhof zum Hotel, den mir ein netter Mann in gebrochenem Deutsch erklärt hatte, war wirklich nicht lang. Ich betrat die Lobby und staunte nicht schlecht. Erste Sahne! An der Rezeption fragte ich, ob jemand Deutsch sprechen würde, woraufhin eine elegante Dame herbeigerufen wurde.

»Hallo, ich suche meine Mutter. Sie ist Gast in ihrem Hotel hier und heißt Friedrich.«

Die Dame vertiefte sich in ihre Unterlagen, um schließlich zu verkünden: »Tut mir sehr leid, Junge, mit diesem Namen wohnt hier niemand!«

Mich traf der Blitz. Ich hatte noch fünf Mark dabei und nichts mehr zu essen außer einem der harten Oma-Eier und dem Apfel.

Also bat ich, man möge doch nochmal nachsehen, aber das Resultat war das Gleiche. Was nun? Ich setzte mich in einen der übergroßen Sessel in der Eingangshalle und dachte angestrengt nach. Wenn sie in einem anderen Hotel abgestiegen waren, hatte ich keine Chance, sie zu finden.

Omas Sorge sprang nun auf mich über, und ich fragte mich ernsthaft, ob Mama etwas passiert war. Seit einigen Wochen hatte sie davon gesprochen, in Polen mit Michel eine Marien-Ikone zu beschaffen und diese in Berlin zu restaurieren, was sie hervorragend konnte. Und dann sollte Michel die Ikone nach Westberlin schmuggeln und verkaufen. Ich sprang auf und erkundigte mich bei der netten Dame, ob ich mal kurz in Berlin anrufen könne. Dabei hielt ich ihr meine fünf Mark hin. Die Frau zeigt auf eine Telefonkabine in der Ecke und gab mir Anweisungen. Wenn das Telefon klingelte, sollte ich rangehen, und wenn ein Amt ertönte, schnell anrufen. Aber nicht so lange sprechen. Klar. Ich rief unsere Nachbarin an, die Oma an den Apparat holte.

»Ich komme jetzt nach Hause, Oma. Bringt ja nix!«

Schnell legte ich auf, da ich nicht wusste, ob meine paar Mark reichen würden. Die Dame an der Rezeption zwinkerte mir zum Abschied noch zu. Ich lief zum Bahnhof zurück und überlegte, wie ich nach Hause käme. In einen Zug einzusteigen war nicht das Problem. Aber spätestens an der Grenze war bei der Fahrkartenkontrolle Schluss! Schließlich fand ich einen Zug, der über Berlin Ostbahnhof von Moskau nach Paris fuhr.

Schicksalsergeben stieg ich ein und wanderte durch die Waggons. In einem Zugabteil saßen nur vier Männer, zwei Plätze am Fenster waren noch frei. Die Abteile daneben waren alle rappelvoll, und auf dem Flur standen auch schon jede Menge Menschen. Ich schob die Tür auf und fragte, ob einer der Plätze noch frei sei. Ein polnisches Gebrabbel schallte mir entgegen. Wahrscheinlich waren die anderen in der Zuggaststätte und würden gleich wiederkommen. Ich wollte schon weitergehen, doch einer der Männer sprach mich in gutem Deutsch an.

»Hey Junge, was ist los? Hast du keinen Platz gefunden? Wo ist deine Mutti?«

Ich erzählte in kurzen Sätzen von meiner Misere, worauf der Mann mich in das Abteil zog und auf einen der freien Plätze schob. Mein neuer

Freund erklärte mir, er sei Trainer der polnischen Handballmannschaft, die zu einem Turnier nach Frankreich fahren durfte. Die Männer stellten Wurst und Wodka auf die kleinen Tischchen und waren sichtlich guter Dinge. Ich hatte Hunger und griff auf Einladung dieser gastfreundlichen Männer beherzt zu. Krakauer, nicht meine Lieblingswurst, da sehr fett. Dann reichte mir der Trainer einen Becher mit Wodka. Mir fiel beim Geruch sofort meine von Sabine verschuldete Alkoholvergiftung ein, und ich musste fast würgen. Trotzdem stürzte ich das Zeug runter, und mir wurde zum ersten Mal seit Stunden wieder richtig warm. Nun wurde auch ich redselig und offenbarte meine Angst vor der Fahrkartenkontrolle. Der Mann winkte nur ab und sagte: »Mach dir keine Sorgen, Söhnchen, das machen wir schon!«

Nach einer weiteren ganzen Wurst und einem zweiten Becher schlief ich ein. Geweckt wurde ich von meinem nun noch betrunkeneren Retter, der mich zum Klo zerrte.

»Kontrolle kommt gleich, sei ruhig!« Er ging mit mir aufs Klo, das für zwei Menschen eigentlich viel zu klein war, und postierte mich hinter der Tür. Er selbst setzte sich zufrieden auf den geschlossenen Klodeckel. Wir warteten. Kurz darauf klopfte es an die Tür. Mein Freund brüllte was auf Polnisch, nahm seine Fahrkarte und reichte sie durch die Tür, die er einen Spaltbreit geöffnet hatte. Mir kam es vor, als tue er noch betrunkener, als er ohnehin schon war. Sein Pass folgte, und beides, Fahrkarte und Pass, kam durch den Spalt unter streng klingenden Ermahnungen, die ich natürlich nicht verstand, wieder zurück. Der Trainer knallte die Tür zu und verriegelte sie. Ich machte Anstalten, die Toilette zu verlassen, doch er schob mich in meine Ecke zurück und legte den Zeigfinger auf seine Lippen. Ein paar Minuten später hörte ich die vertraut sächselnde Stimme eines deutschen Polizisten. Mein polnischer Freund holte tief Luft und lallte: »Wir fahren zum Turnier und werden gewinnen! Und Genosse, wir feiern schon den ganzen Tag, sei kein Spielverderber! Mir ist ein bisschen schlecht!«

Wieder wurden Fahrschein und Pass hin und her gereicht. Wir warteten noch zehn Minuten und gingen dann ins Abteil zurück. Große Erleichterung durchdrang mich durch den Nebel des Alkohols hindurch. Dann schlief ich ein.

Am Ostbahnhof rüttelte mein Retter mich wach. Ich dankte ihm noch einmal hastig und wünschte viel Spaß in Frankreich.

Als ich bei uns klingelte, öffnete Oma mir sofort.

»Mein Gott, Junge, wie bist du denn ohne Geld hierhergekommen? Du hast doch nichts angestellt, oder?«

»Nein, nein«, lallte ich, versprach, ihr bald alles zu erzählen, legte mich mit Klamotten auf mein Bett und versank in Tiefschlaf.

Stunden später wurde ich von lauten Stimmen wach. Mama und Michel! Ich rannte zu Mama ins Zimmer.

»Wo zum Teufel wart ihr denn? Ich war in Warschau in eurem Hotel, aber da war keiner!« Angriffslustig, unterstützt von Omas schwersten Vorwurfsblicken, stand ich vor den beiden. »Ach Tommy«, säuselte Mama, »wir waren ja in genau diesem Hotel, oben im Restaurant, aber wir waren auf Michels Namen eingebucht!«

»Na prima, aber Hauptsache, du bist wieder heil hier!«

Ich warf Michel noch einen bösen Blick zu, denn schließlich war es ja seine Schuld, wie ich fand.

Nachdem ich mich beruhigt hatte, erzählte ich meinen Brüdern von meiner Suffreise. Natürlich etwas aufgebauscht und ohne meine Angst zu erwähnen …

DER VORFALL

In einer Kneipe in der Prenzlauer Allee, wo viele Künstler verkehrten, unweit unserer Wohnung, saß eine fröhliche Runde von Genossen und feierte. Ich war hier gern, seit ich sechzehn war und auch schon mal ein alkoholisches Getränk mit Freunden zu mir nahm. Das durfte man ab sechzehn, allerdings keinen Schnaps oder andere hochprozentige Getränke. Bier, Wein und Sekt waren gestattet in öffentlichen Gaststätten. Zu Hause machte man sowieso, was man wollte.

An meinem Tisch saß ich mit meinen Kumpels, und wir becherten kräftig. Am kreisrunden Stammtisch neben uns saßen die Genossen und wurden immer fröhlicher. Wir machten unsere kleinen, meist bissigen Scherze über sie und waren ebenfalls bestens drauf.

Einer der Genossen feierte seinen fünfzigsten Geburtstag, der Umsatz war offensichtlich sehr hoch – die Herren tranken nur den besten Sekt – und die Wirtsleute schalteten das Licht auf Sparflamme und durchschritten nach Klängen einer Geburtstagshymne mit einer Torte den Saal, auf der zwei Wunderkerzen platziert waren. Immerhin! Der Tisch wurde erreicht, alles klatschte, und das Geburtstagskind erhebte sich, ebenso gerührt wie angetrunken. Seine Dankesworte gingen im allgemeinen Rummel unter. Den Mann an der Theke hatte bisher niemand so richtig bemerkt. Jetzt löste er sich von seinem Platz und ging direkt auf das Geburtstagskind zu. Er griff sich ein Glas vom Tisch und goss dem Gefeierten den Inhalt langsam ins Gesicht. Allgemeines

Chaos brach aus, es wurde geschrien und geschubst, bis das Geburtstagskind den Mann schließlich zu fassen bekam und begann, ihn Richtung Tür zu stoßen und ihn dabei zu schlagen. Einige von uns hasteten hinterher. Was war da los?

»Das Schlagen hast du ja nicht verlernt, du Immobilienmakler! Immer weiter, alter Freund!«, schrie der Angreifer.

Der begossene Pudel hielt inne, musterte den Mann und sagte: »Ich kenne Sie nicht, was soll das Theater? Sind sie irre, oder was?«

Der Mann strich sich die Jacke glatt und begann ein Lied zu pfeifen.

»Na, dämmert es langsam? Wir waren drei Jahre lang im gleichen Hotel! Das kann man doch nicht vergessen, Herr Schließer! Erster Klasse, Keile inklusive!«

Inzwischen drängten immer mehr Leute aus dem Lokal auf die Straße, um Zeuge der Szene zu werden.

»Mann, Mann, sieh her. Hier hat der Mensch normalerweise Schneidezähne, und hier ein gerades, schönes Nasenbein. Vom Rest ganz zu schweigen.«

»Wer zum Teufel sind Sie? Was wollen Sie von mir?«

»Nichts, Schließer, gar nichts.« Bei dem Wort »Schließer« zuckte das Geburtstagskind merklich zusammen.

»Ich wollte dir nur zeigen, dass du dich tarnen kannst, wie du willst. Wir waren zu viele, einer wird den Mut haben und dich irgendwann zur Hölle schicken, du sadistisches Schwein! Ich bin leider zu feige, aber einer wird eines Tages vor dir stehen, und dann bist du dran, Schließer! Nun geh wieder schön feiern und lass dich volllaufen, so wie damals jede Nacht! Wen verprügelst du denn jetzt? Deine arme Frau, deine Kinder? Wir sehen uns in der Hölle, Schließer!«

Nach diesen Worten drehte sich der Fremde um und ging davon.

Die Zuschauer der gespenstischen Szenerie schauten dem Mann gebannt nach, ein allgemeines Gestikulieren und Debattieren. Die Mine des Betroffenen blieb nachdenklich.

»Was für ein Spinner!«, warf er schließlich lachend in die Runde, und alle kehrten zurück zu ihrem Sekt.

Wir Freunde standen noch eine ganze Weile vor dem Lokal auf der Straße und grübelten über den Auftritt des offensichtlichen Ex-Häftlings nach.

Eines Tages klingelte es bei uns zu Hause. Ein russischer Offizier stand vor der Tür und fragte Mama, ob sie einen Ehemann hätte, der Russe sei. Als sie verneinte, nahm der Offizier sie mit vor die Haustür. Wir Jungs rannten zum Fenster, wo sich uns folgendes Bild bot: Auf dem Rücksitz eines offenen Geländewagens mit riesigen roten Sternen auf den Türen saß unser Vater, neben sich ein Soldat als Aufpasser.

Wir hatten das Fenster geöffnet und hörten den Offizier zu Mama im besten Deutsch sagen:

»Der Mann hier behauptet, er sei Russe. Er sagt, dass er hier wohne, verheiratet sei und drei Kinder habe. Ist das korrekt so?«

Pat wurde in Begleitung seines Aufpassers in die Wohnung gebracht. Inzwischen hatten sich Leute aus der Drogerie im Haus und anderen umliegenden Geschäften versammelt, um das Schauspiel zu verfolgen. Im Flur erkundigte Mama sich, was denn passiert sei. Der Offizier berichtete, dass unser genialer Vater im Zustand völliger Trunkenheit in Karlshorst auf dem für DDR-Bürger strengstens verbotenen Gebiet einer russischen Kaserne aufgegriffen worden war und einen leitenden Offizier habe sprechen wollen. Zuerst habe er behauptet, ein Genosse aus Moskau zu sein, der geschickt worden sei, um alles zu kontrollieren. Dann habe er eine ganz andere Geschichte erzählt.

»Wir haben ihn kurzerhand ausgenüchtert, und den Rest kennen Sie. Ist das nun Ihr Mann oder nicht? Haben Sie Papiere von ihm, er hat keine dabei!«

»Ja, das ist mein Mann. Er spricht zwar perfekt Russisch, ist aber kein Russe.«

Mama holte Papas Ausweis aus seinem Arbeitszimmer.

»Nu harascho, wenn er Deutscher ist, dann soll er jetzt etwas auf Deutsch sagen! Bisher hat er nur Russisch mit uns gesprochen.«

Vater zog eine Augenbraue hoch und sagte:

»Gute Nacht, Genossen. Ich bin sehr müde, denn ich habe heute Nacht mit dem Genossen, der auf mich aufgepasst hat, noch das eine oder andere Gläschen Wodka geleert.«

Mit diesen Worten verschwand er in seinem Arbeitszimmer und legte sich auf die Couch.

Mama entschuldigte sich ausgiebig und deutete an, dass unser Vater nicht ganz bei Sinnen und in Behandlung sei, woraufhin die Russen abzogen.

Was für eine bekloppte Aktion. Später erfuhren wir, dass Vater sich daran erinnern konnte, über den Zaun geklettert zu sein, nicht aber an den Grund dafür.

Irgendwie liebt Gott die Trinker …

Die Geschichte verbreitete sich in Windeseile unter den Freunden meiner Eltern und sorgte für große Heiterkeit. Nachdem er wieder nüchtern war, realisierte Vater, wie gefährlich die Sache eigentlich gewesen war, und entschuldigte sich bei unserer leidgeprüften Mutter. Ein Vorgang mit absolutem Seltenheitswert! Sonst kannten wir ihn eigentlich nur als perfekten Erklärer seiner Unschuld, egal, um was es ging.

AUSSÖHNUNG MIT DEM VATER

Das Verhältnis zu meinem Vater war eigentlich kein gutes. Aber das geht wohl vielen Söhnen mit ihren Vätern so. Töchter zum Vater – Söhne zur Mutter. Ich kann mich nicht an ein einziges Erlebnis mit meinem Vater erinnern, bei dem wir mal allein gewesen wären, außerhalb der Wohnung. Die ganze Ehe lang mit meiner Mutter nicht. Kein gemeinsamer Spaziergang, kein Angelngehen, kein Urlaub, nichts. Das war einfach nicht sein Ding. Natürlich bewunderte ich Vater für sein Wissen, wenn er über seine Lieblinge, die Philosophen, sprach, auch liebte ich es, wenn er Heinz Rühmann, Erich Honecker oder Theo Lingen parodierte. Aber mit Liebe hatte das alles wenig zu tun.

Der Mittelpunkt seines Daseins war er selbst. Deshalb nannte ich ihn seit der Scheidung von Mama nicht mehr Vater oder, wie ganz früher, Papi, sondern sprach ihn nur noch bei seinem Vornamen an.

Einen Tag vor unserem endgültigen Fluchtversuch habe ich ihn in seiner Wohnung besucht, und wir hatten tatsächlich ein bisschen Zeit für uns.

Er empfing mich in aufgeräumter Stimmung:

»Gut siehst du aus, Erstgeborener, wirst noch ein richtiger Mann. Wie geht es deiner Mutter? Vermisst sie mich? Oder lebt sie immer noch in ihrer Geisterwelt, angefüllt mit wunderschönen schwarzen Männern mit übergroßen Schwänzen?«

»Na bravo, ist das aus deinem neuen Programm?«

Er griff den Faden auf:

»Du erinnerst dich noch an Josh, meinen Gelegenheitsmanager? Er bastelt einen Abend zusammen, Jazz und Lyrik werden es diesmal wohl nicht, eher Musik und Pat, der Lustiges zum Besten geben soll. Selbst ich muss ja von irgendetwas leben. Sieh mal hier ... Diese jüdische Anekdote beispielsweise will ich machen. Hast du etwas Zeit und Ruhe mitgebracht, Söhnchen?«

Ich fläzte mich auf die Couch neben ihn und erklärte:

»Jede Menge, ich habe eine Nierenbeckenentzündung und bin krankgeschrieben.«

»Also, pass auf ...«

Es war klar, dass es wieder nur um ihn gehen würde.

»Nö. Muss ich nicht, die Nierenbeckenentzündung ist chronisch«, ließ ich mich vernehmen.

»Sehr witzig, Junior ... Ich meinte mein neues Programm!«

Er erhob sich, verschwand in der Küche und werkelte herum, wahrscheinlich machte er uns einen Drink. Ich hing meinen Gedanken nach und musste fast loslachen. Mein Kopfkino bevorzugte eindeutig die Komödie! Verständlich, das Leben ist ja tragisch genug ... Da versuchten wir morgen noch einmal diesen Wahnsinn, und heute, in der Berufsschule, hatte ich ein schriftliches Lob erhalten, wie geil war das denn?

»Hast du Hunger, Söhnchen? Ich habe Speck da, Zwiebeln, Eier?«

Ich bin immer hungrig, und so trällerte ich zurück:

»Gerne!«

Meine Fresse, soll ich das dem guten Pat erzählen? Lieber nicht, dann ergeht er sich wieder in seinen Philosophien über die Anpassungsfähigkeit der menschlichen Natur.

Mein Alter kam mit einem Tablett zurück ins Zimmer, auf welchem er zwei Drinks und zwei Teller mit Rühreiern balancierte, dazu seine berühmte Gewürzmischung aus Knoblauch, Cayennepfeffer und was weiß ich noch, und dann aßen wir schweigend. Danach gönnte er sich eine seiner 100 Millimeter langen Duett-Zigaretten, sah zufrieden dem Rauch nach und fand zurück in sein Programm:

»Also, erst mal sage ich:

Das Universum hat ein Dreigestirn ...«

Ich unterbrach ihn sofort:

» ... von großen Geistern hervorgebracht: Karl Marx, Francois Villon und – mich, äh, dich. Ich weiß ...«

»Richtig, das kennst du ja. Willst du nun zuhören oder klugscheißen? Also, mach es dir bequem!«

Pat warf sich in Positur:

»Ein jüdischer Geschäftsmann befindet sich zur Zeit der österreichisch-ungarischen Monarchie auf Reisen und hat in einem abgelegenen Schtetl drei Stunden Aufenthalt, bevor sein Anschlusszug eintrifft. Nun stellt er auch noch fest, dass seine Taschenuhr kaputtgegangen ist, und so beschließt er, die Zeit zu nutzen, nach einem Uhrmacher Ausschau zu halten und seine Uhr reparieren zu lassen. Innerhalb weniger Minuten findet er einen Laden, der einige sehr schöne Uhren im Schaufenster liegen hat. Er geht hinein und sieht einen würdig aussehenden, alten Juden mit Bart, Schläfenlocken und Kippa, welcher an einem Tisch sitzt und in einem riesigen Talmud-Folianten studiert. Der Geschäftsmann:

›Mecht es meglich sein, dass ich werd bekommen repariert mein Taschenuhr?‹

Der alte Jude reagiert nicht. Der Geschäftsmann glaubt nun, der Alte sei ob seines fortgeschrittenen Alters schwerhörig, und wiederholt seine Frage etwas lauter – wieder keine Reaktion. Schließlich schreit er aus vollem Halse:

›Wird man vielleicht bekommen an Antwort?!‹

Da hebt der alte Jude seinen Kopf und sieht den Geschäftsmann über den Rand seiner Brille verächtlich an:

›Mecht es sein vielleicht meglich, dass Ihr aufhört hier herumzubrüllen wie a Esel? – Ich bin nicht kein Uhrmacher, ich bin a Beschneider!‹

›Und für was habt Ihr dann liegen die Uhren im Schaufenster?‹

›Ja, mechtet Ihr mir vielleicht sogen, was ich soll legen sonst ins Schaufenster?‹«

Eine sehr unangenehme Pause entstand. Ich war nicht wirklich bei der Sache, denn erstens kannte ich das ja zum Erbrechen und hatte Wichtigeres mit meinem Väterchen vor.

»Vielen Dank. Du musst aber nicht gleich in Euphorie ausbrechen, Sohn.«

»Nein, nein, gefällt mir wirklich gut«, war ich wieder bei ihm, »ich musste nur eben an den Witz denken, den mir gestern meine Freundin im Bett erzählt hat. Den kannst du aber unmöglich öffentlich vortragen, das wäre dann wohl dein letzter Auftritt in Freiheit!« Ich fand meine Einleitung gelungen und war froh, ihn unterbrochen zu haben. Es ist nicht so ganz einfach, bei ihm zu Wort zu kommen!

»Welche Freiheit?«, erkundigte er sich mit dem für ihn so typischen Sarkasmus. Und sang:

»Freiheit, die ich meine, für mein Va-Va-Vaterland ... Also, wie geht der Scheißwitz denn nun?«, donnerte er enttäuscht.

»Also, sei nicht gleich beleidigt, alter Mann: Sieben Bauarbeiter stehen total besoffen vor einer Kneipe. Da kommt ein Polizeiauto vorbei und aus dem Fenster ruft der Polizist: ›Na, na, Genossen, keine Menschenansammlungen hier! Das ist verboten.‹ Einer der Bauarbeiter ruft zurück: ›Halt die Fresse!‹ Daraufhin steigt der Polizist aus, geht auf den Betreffenden zu und sagt:

›Würden Sie sich bitte sofort ausweisen?‹

Darauf der betrunkene Bauarbeiter:

›Ach, kann man das jetzt selbst?‹«

Mein Vater warf sich in die Kissen der Couch und röchelte:

»Den kannte ja nicht einmal ich, ha! Du hast Recht, wenn ich den vor den Genossen erzähle, ist mein nächstes Gastspiel wohl in Bautzen.«

Er zündete sich eine weitere Zigarette seiner Lieblingsmarke an.

»Hast du nicht einen afrikanischen Witz für mein Programm auf der Pfanne, aus dem Umfeld deiner Mutter? Bei euch muss doch der schwarze Humor nur so durch die Zimmer fetzen!«

»Du klingst verbittert, alter Mann. Keine Frau am Start im Moment?«

Mir fiel einmal mehr auf, dass er mit seinem langen Bart Karl Marx von Mal zu Mal ähnlicher sah.

»Doch, natürlich«, gab er zurück, »aber ich muss zugeben, so was wie meine Waluscha war nicht mehr dabei! Wechseln wir lieber das Thema, okay? Wie geht es denn mit deiner Lehre am Deutschen Theater voran? Fühlst du dich da einigermaßen wohl?«

»Ist okay, danke noch mal. Da hast du direkt mal was Gutes getan, als du mir die besorgt hast. Ich habe den Österreicher, Wolfgang Heinz, in *Nathan, der Weise* gesehen, total geil. Aber eigentlich arbeite ich in den Theaterwerkstätten in der Chausseestraße, da bauen wir für die Opernhäuser und auch fürs Deutsche Theater die Kulissen. Ich komme gut klar mit allen.«

Selbstzufrieden sprach er mehr zu sich.

»Wenigstens konnte ich mal was anfangen mit meinen Beziehungen. Für mich selbst scheine ich zu blöd zu sein. – Und was macht die Liebe, offensichtlich hast du eine recht lustige Freundin. Und, wie ist sie so im Bett?«

Beleidigt, aber fest entgegnete ich ihm:

»Lass es gut sein, darüber rede ich nicht. Wenn du etwas für dein Kopfkino brauchst, dann krame gefälligst in deiner eigenen Erinnerung. Da findest du sicher genug.«

Nun wurde er gewohnt angriffslustig.

»Was auch immer ich aus meiner Erinnerung zusammenzukratzen versuche, ich lande immer in Onkel Toms Hütte ...«

»Ich glaub es ja nicht, der erste Vater-Sohn-Tag in meinem Leben, und der große Marxist mutiert zum Rassisten!«

»Nackte Eifersucht!«, rief er lachend aus. »Bist du mich nur besuchen gekommen, um mir Vorwürfe zu machen, ist das der Grund? Na dann, nur zu, lass alles raus!«

»Nein, ganz im Gegenteil. Ich bin hier, um dir zu vergeben.«

Erstaunt wie ein Kind bei der Einschulung fragte er:

»Mir vergeben? Was denn, dass ich der bin, der ich nun einmal bin? Wer, glaubst du, bist du denn? Mein Richter? Ein gottverdammter Pfaffe?«

Seine Stimme hatte nun wieder diese Schärfe, die mich so manche Nacht in meiner Kindheit hatte zusammenzucken lassen. Ich versuchte ruhig zu bleiben.

»Reg dich nicht gleich so auf, Pat. Guck mal, ich habe immer darunter gelitten, dass du kein richtiger Vater für mich warst, keine Zeit mit mir verbracht hast. Du bist einfach nicht der Typ, der seine Liebe zeigen kann, jedenfalls nicht mir gegenüber. Und das hat mir immer wehgetan. Und nun denke ich, wenn ich dir einfach vergebe, schleppe ich das nicht ein Leben lang mit mir herum, kapiert?«

»Kapiert! Aber wieso gerade jetzt?«

»Ich hatte in der letzten Woche so ein Erlebnis ... dieses Erlebnis – es war, wie es war ... Wurscht ...

Und nun begraben wir den Scheiß. Du musst keine Schuldgefühle mehr mir gegenüber haben.«

Ich konnte ihm ja schlecht beichten, dass ich morgen Republikflucht begehen würde, nachdem diese vor wenigen Tagen schon einmal gescheitert war. Also hieß es: Schön in Deckung bleiben!

Neugierig rutschte er näher, was mir ehrlich gesagt unangenehm war.

»Was für ein Erlebnis? Hat es was mit deinem Ersatzpapa zu tun?«

»Quatsch, der hat damit überhaupt nichts zu tun! Hier ist meine Hand, nimm sie oder lass es, und gut ist!«

Mein Vater schlug in die von mir hingestreckte Hand ein.

Skeptisch setzte er hinzu, noch meine Hand haltend:

»Diese Idee ist doch nicht auf deinem Mist gewachsen, da steckt doch deine gute Übermutter hinter, oder?«

»Versau es nicht gleich wieder, bitte.«

»Nastrovje!«

Er erhob sich, taumelte ein bisschen. Eine unangenehme Pause der Verlegenheit trat erneut ein. Dann griff er sich ein weiteres Blatt und wollte fortfahren. Ich musste aber aufs Klo. Beim Erheben von der Couch wurde mir bei einem Blick auf den Hinterhof klar, wie gerne ich in dieser Wohnung in meiner Kindheit gewesen war. Ich folgte leiser Musik und sah noch einmal in die Küche.

Wenn meine Eltern am Wochenende mal ihre Ruhe haben wollten vor uns dreien, dann hieß es: »Ab zu Oma!« Meist am Sonnabend, gleich nach dem Fußballspielen, ging man zum Mittagessen in ihre Hinterhofwohnung in der Stargarder Straße, unweit des S-Bahnhofs Prenzlauer Allee. In dem befand sich das Lokal, in dem Oma als Köchin arbeitete. Im Grunde handelte es sich um schlechte sozialistische Gastronomie, aber da Oma die besten Koteletts aller Zeiten briet, bekam ich nach der Schule so manche leckere Mahlzeit zugeschustert. Ich schlich mich dann hinten auf den Hof, und Oma brachte mir das Essen dahin. Dabei atmete die arme Frau immer heftig, weil es ihr völlig zuwider war, etwas Verbotenes zu tun.

War ich an einem Sonnabend bei Oma, gab es immer Eintopf. Oma hielt sich überhaupt sehr an diese althergebrachten Essensregeln. Freitags gab es immer Fisch, sonnabends Eintopf und – die Krönung der Woche schlechthin – sonntags einen Braten. Wir liebten diese Wochenenden. Ich konnte sonnabends lange fernsehen, da Oma nach dem *Blauen Bock* oder einer anderen volkstümlichen Abendsendung immer während des *Wort zum Sonntag* einschlief. Filme wie Hitchcocks *Die Vögel*, welche wir Brüder dann sahen, wären für sie auch viel zu viel gewesen. Am nächsten Morgen gab es dann immer dicke Milch. Oma ließ einfach eine Schüssel frische Milch, die noch in Aluminiumkannen geholt wurde, so lange auf dem Fensterbrett in der Küche stehen, bis sie dick wurde. Darauf kam Zucker, und fertig war die Köstlichkeit.

Die Wohnung verfügte über einen Balkon, der zum Hof hinaus ging, auf dem ein uralter Kastanienbaum haushoch seine Äste entfaltete. Hier saß ich oft stundenlang, bis der Duft des fertigen Essens mir in die Nase stieg. Kartoffeln noch abgießen, und dann war es soweit. In der Ecke säuselte immer dieses Radio, total aus Plastik. Herrlich.

Ich ging in das vom Flur abgehende Bad, was eigentlich nur ein Klo war. In die Ecke hatte sich Pat eine kleine Dusche eingebaut. Auf dem Rückweg rief ich:

»Schön haste es hier, alter Mann!«

Amüsiert fuhr er fort, nachdem ich mich gesetzt hatte:

»So, und dann werde ich mein Programm abschließen, und zwar so. Aber sag mir deine ehrliche Meinung, ja?«

Nun wieder ganz der Schauspieler, fuhr er mit erhobener Stimme fort:

»Nun fragt sich ja ein jeder in seinem Leben, meine Damen und Herren, wie er es ganz nach oben schafft, wie er Karriere machen kann. Dazu nun von dem von mir hoch geschätzten Berliner Adolf Glaßbrenner.«

Pat grölte:

»Die Raupe
Die Raupe auf dem Baume saß
und von der Kron' die Blätter fraß –
(Ja ja!)

Sie war im bunten Kleide
als wie von Sammt und Seide,
Beide zusammen:
(Ha ha ha ha ha ha!)
Ein Staatsminister ging vorbei,
der sah das Thier und sprach: Ei ei!
(Ja ja!)
Wie konnt' es ihr gelingen?
'S geht nicht mit rechten Dingen! *Beide zusammen:*
(Ha ha ha ha ha ha!)
Du unbehülflich dummes Thier!
Ich wundre mich, drum sage mir:
(Ja ja!)
Wie hast du's unternommen,
und bist so hoch gekommen? *Beide zusammen:*
(Ha ha ha ha ha ha!)
Und als die Raupe blieb nicht stumm,
da wurd' er roth und dreht sich um.
(Ja ja!)
Die Raupe hat gesprochen:
Mein Freund, ich bin gekrochen!
(Ha ha ha ha ha ha!)

Und, was sagst du?«

»Sie werden dich irgendwann auf offener Bühne verhaften«, entschied ich.

»Dann schieb ich alles auf Glaßbrenner!«, gab er zurück, und wir lachten beide.

Ich bin auf dem Nachhauseweg sehr entspannt gewesen und habe mich so erleichtert gefühlt, wie ich es mir erhofft hatte. In einem Punkt musste ich ihm einfach recht geben, dem alten Windhund, jeder ist halt so, wie er ist, und wenn einem das selbst nicht gefällt, hat man das Recht, den anderen zu verurteilen? Ich versuche es seitdem tapfer mit Verständnis. Das ist erheblich schwerer, macht aber den Gang durchs Leben am Ende leichtfüßiger.

GLAUBST DU WIRKLICH DARAN?

In der Berufsschule des VEB Ausbau Berlin ging ich in die Klasse 843. Jeder, der eine Lehre machte, musste zwangsläufig auch zum theoretischen Unterricht. Außer mir und einem anderen Lehrling am Deutschen Theater waren die anderen Schüler eher auf dem Bau unterwegs oder in anderen Handwerkerbetrieben zur Ausbildung. Und schon war ich wieder der Künstlersohn, der glaubte, etwas Besseres zu sein!

Seit Tagen war ich mit meinen Gedanken schon in Westberlin, oder besser auf dem Weg dahin, ließ mir aber natürlich nichts anmerken. Gar nicht so einfach, immer so tun zu müssen, als sei alles völlig normal. Innerlich war ich nach der gescheiterten Fluchtnacht aufgewühlt, unsicher und äußerst beunruhigt wegen meiner Mutter, und so stürzte ich mich in der Schule in soziale Aktivitäten. Ich nahm an Extralehrgängen teil, meist nach den Unterrichtsstunden, bastelte Leinwände für die Feierlichkeiten oder fertigte eine Wandzeitung an, da ich nicht sofort heim wollte. Und was soll ich sagen, ich bekam einen Wisch, auf dem stand:

»... erhält für gute Leistungen bei der Vorbereitung des 30. Jahrestages der Befreiung vom Faschismus ein Lob. 14.5.1975«

Zu Hause empfing mich aber sofort wieder diese angespannte, fast mit Händen greifbare Ungewissheit über den Ausgang unserer geplanten Republikflucht. Meine Mutter wirkte zum ersten Mal nicht so stabil und in sich ruhend wie gewohnt. Am Tag vor der Flucht bat sie mich, sie doch noch mal kurz zu begleiten, aber ohne den anderen etwas davon zu sagen. Auf der Straße eröffnete sie mir, dass auch sie in Sachen Karten ab und zu Beratung nötig gehabt habe, da man für sich selbst nichts erkennen könne, und genau dorthin wären wir nun unterwegs. Na prima! Sie kaufte eine Flasche Weinbrand und eine Schachtel Zigaretten einer Marke, die sie selbst nicht rauchte. Dann ging es ein paar Querstraßen weiter zu »Oma Lina« in die Greifswalder Straße. Die alte Dame bewohnte eine typische Wohnung im Hinterhaus mit Ofenheizung, Toilette zwischen den Etagen, einer altmodischen Küche und einem Wohnzimmer. In Letzterem stand ein großes Bett, aus dem sie sich wohl immer seltener zu erheben schien. Das komplette Bettzeug lag aufgedeckt da, nur ein wenig zur Seite geschoben. Mama begrüßte Oma Lina ausgesprochen herzlich, mit warmer Umarmung, und setzte sich mit mir an den großen ovalen Tisch in der Mitte des Zimmers.

»Hast du mir die Sachen mitgebracht, Kindchen? Ah ja, das ist aber lieb von dir! Die Zigaretten kommen gerade recht, ich habe vorhin – oder war es gestern – die letzte geraucht. Und der Weinbrand – herrlich! Vielen Dank. Ah, das ist also der Junior, was? Bist ganz schön groß geworden. Ich kenne dich noch, da warst du …«

Ich schaltete ab und hörte nicht mehr zu, überlegte, was ich wohl praktischerweise morgen zur Flucht anziehen würde. Auf jeden Fall trage ich die Westjeans, die mir Oma vor zwei Jahren aus Westberlin mitgebracht hat, entschied ich. Die bleibt nicht hier im Osten.

Es hatte eine gewisse Komik, dass eine Hose, die unter mysteriösesten Umständen am Körper einer alten Dame in den Osten »geflohen« war, nun durch mich wieder in die alte Heimat zurückgebracht werden würde!

Mein Interesse am Geschehen um mich herum erwachte erst wieder so richtig, als die Alte Karten auf dem Tisch ausbreitete. Meine Mutter erzählte ihr, sie würde mit mir für ein paar Tage nach Leipzig fahren und wolle eigentlich nur wissen, ob auf der Reise alles gut gehen würde.

Zu meiner Verblüffung sagte Oma Lina: »Kindchen, Kindchen, die Reise sehe ich ja auch, aber die Richtung stimmt nicht. Lina weiß, wohin die Reise eigentlich hingeht! Mache dir also keine Sorgen, es wird gut ausgehen! Aber mich anlügen musst du doch nun wirklich nicht, Kindchen, das machen doch die anderen besser als wir, war doch immer so, was?«

Viele Male habe ich seitdem nach logischen Erklärungen für Linas Hellsicht gesucht, aber nie welche gefunden. Auf jeden Fall musste die Alte sich ihrer Sache ganz schön sicher sein, denn ihre positive Prophezeiung konnte ja jahrelanges Gefängnis oder sogar den Tod für uns bedeuten.

Auf dem Nachhauseweg schien meine Mutter auf merkwürdige Weise wieder ganz selbstsicher zu sein. Es war schon dunkel geworden, und das hieß in Berlin abseits der Hauptstraßen richtig dunkel. Die alten Gaslaternen in den Seitenstraßen meiner Kindheit waren derart matt, wenn sie überhaupt funktionierten, dass man kaum etwas erkennen konnte. Die einzigen anderen Lichtquellen waren die Lichter in den Fenstern der Häuser, vor denen meistens schwere Gardinen oder heruntergelassene Jalousien hingen, wahrscheinlich um in Ruhe Westfernsehen schauen zu können. Man hatte bei diesen Lichtverhältnissen immer ein bisschen das Gefühl, man laufe gerade durch einen Edgar-Wallace-Film und Klaus Kinski würde gleich um die Ecke kommen.

Wir liefen nebeneinander her, vorbei an den Eckkneipen, aus denen der Geräuschpegel der Alkoholisierten zusammen mit dem Raucherqualm drang.

»Mama, ich muss dich mal was fragen. Glaubst du wirklich daran? Oder findet das nicht alles nur in deinem Kopf statt?«

»Das spielt keine Rolle, Tommy. Der Unterschied ist für das Gehirn nicht da. Ob ich mir nur etwas vorstelle oder es wirklich erlebe, kann exakt die gleichen Wirkungen auf mich haben. Also ist es ganz wichtig, dass du versuchst, dir heute in deiner letzten DDR-Nacht wieder und wieder den Erfolg vorzustellen, nicht das Scheitern. Dann wird es gelingen. Daran glaube ich!«

KLEINE JUGENDSÜNDEN

Wenig später saß ich am Fenster im Zimmer meiner Oma, die tief und fest schlief, und blickte hinaus auf den abgenutzten Asphalt, der jedes Jahr in der Nacht zum 1. Mai durch die Ketten der Panzer beschädigt wurde, die auf dem Weg zur großen Militärparade in Richtung Alexanderplatz hier vorbeifuhren. Ich mochte den Alexanderplatz nicht besonders. Das war für uns Prenzlauer Berger schon die Bonzenecke, hier wohnten die aus unserer Sicht sozialistisch Reichen. Aber einmal zog es mich und meine Kumpels doch hin, denn einer von uns hatte von seiner Westverwandtschaft Westgeld bekommen und wollte es nun unter die Leute bringen. Normalerweise tauschte man das in DDR-Mark um, da der Kurs auf dem Schwarzmarkt sehr hoch war. Oder aber man ging in eine andere Erfindung der DDR, den Intershop. Hier sammelten die Genossen die harte Währung wieder ein. Es gab in diesen speziellen Läden viele Waren aus dem Westen, unter anderem die heiß begehrten Westzigaretten. Und Kaffee, der irgendwie anders roch und bei meiner Mutter und auch bei Oma hoch im Kurs stand. Am Alexanderplatz, unweit eines riesigen Brunnens und der berühmten Weltzeituhr, befand sich ein solches Geschäft. Meine Eltern nannten den Brunnen »Nuttenbrosche«, weil hier Frauen anzutreffen waren, die angeblich gegen Strumpfhosen und Kaffee Herren aus dem Westen beglückten. Und wo sollte man schneller und sicherer Westler finden als hier vor dem Intershop, neben den internationalen Hotels!

Bewaffnet mit dem kapitalistischen Zahlungsmittel wagten meine Kumpel und ich uns in diesen Laden, der so ganz anders aussah als das, was wir sonst gewohnt waren. Man wurde quasi erschlagen von Luxusgütern jeder Art. Seit einem Jahr durften auch DDR-Bürger die Intershops betreten, davor war der Besitz von Valuta, also auch Westgeld, verboten gewesen. Wir kauften nach längerer Überlegung ein paar Schachteln Zigaretten, Kaugummis und zwei Flaschen Whisky. Westkaugummis, am besten amerikanische, waren bereits in meiner Schulzeit ein beliebtes Tauschmittel gewesen, dafür konnte man so ziemlich alles von den Mitschülern bekommen. Besonders abgesehen hatte ich es meist auf deren leckere Schulbrote, mit Wurst und Käse drauf. Vor den Tauschgeschäften packte man die Kaugummis erstmal zu Hause vorsichtig aus und halbierte oder drittelte jeden Streifen. Man musste sich schließlich was einfallen lassen, um zu was zu kommen!

Und da war ich eigentlich immer ganz pfiffig gewesen.

Jeder Schüler musste ab der siebten Klasse in den ESP-Unterricht, Einführung in die sozialistische Produktion. Das war eine theoretische Ausbildung, aber einen Tag pro Woche ging es auch in einen Betrieb, richtig arbeiten. Ich kam in eine Werkhalle, in der sinnigerweise Leuchtstoffröhren für den Verkauf in den Westen hergestellt wurden. Damit verdiente sich die DDR unter anderem ihre heiß ersehnten Devisen. Die Montagearbeit war ätzend, und mein Entschluss, niemals an einem Fließband zu arbeiten, stand schnell und unerschütterlich fest. Es ging in diesem Betrieb weniger um die Röhren, sondern vielmehr um die dazugehörigen Starter – das sind diese kleinen Dinger, die man mit einem Klick in die Leuchtstoffröhre einsetzt. Da sie in Ostberlin Mangelware waren, kamen zwei meiner besten Klassenkameraden auf die Idee, einige davon mitgehen zu lassen. Und tatsächlich gelang es ihnen an einem Tag, einen Sack voller Starter aus dem Betrieb zu schmuggeln. Nun kamen sie damit zu mir, der kleinen Killersprotte, die den Ruf hatte, ein gewiefter Händler zu sein. Ich sollte das Zeug für sie verkaufen. Ich lief zu einem anderen Freund, der in einer Kaufhalle nahe der Prenzlauer Allee arbeitete. Dieser klüngelte mit seinem Chef was aus, und siehe da, in der Kaufhalle gingen über Nacht wieder unglaublich viele Leuchtstoffröhren an ... und ich hatte Geld in der Tasche.

Ich trat noch einmal hinaus auf den Balkon und sah zu dem Fenster hoch, an dem ich Rita das erste Mal erblickt hatte. Dabei wurde mir ganz komisch. All das werde ich ab morgen nicht mehr sehen, ich lasse meine gesamte Kindheit zurück, werde diese Mauern nicht mehr berühren, den typischen Mief nicht mehr atmen können, dachte ich. Ob die Luft da drüben besser ist als hier? Blödsinn, die Mauer ging ja schließlich nicht bis zum Himmel hoch! Meine Kumpels würde ich vermissen, eben alles, was man so gewohnt ist. Aber ich war auch froh, weg zu können, denn nun wäre es bald soweit: Ich sollte wie jeder Achtzehnjährige in der DDR zur NVA. Die Vorstellung, dass irgendein schlechtgelaunter Idiot in der Armee mich traktieren könnte, machte mich ebenso ängstlich wie aggressiv. Der große Bruder eines Freundes hatte bei seinem Urlaub nach dem Genuss von mehreren Schnäpsen erzählt, wie es ihm da so ergangen war. Er war als einziger Berliner auf eine Stube mit Sachsen gekommen und dort vom ersten Tag an terrorisiert worden. Unter Tränen berichtete er, dass die Kameraden ihm die Augen verbunden und ihn dann herumgewirbelt hatten, bis er nicht mehr wusste, wo oben und unten war. Dann hatte man ihn auf einen Stuhl gestellt und befohlen:

»Spring runter!«

Er befand sich zwar nur etwa zwanzig Zentimeter über dem Fußboden, dachte aber, dass er viel höher stehe, und holte dementsprechend Schwung. Und brach sich den Knöchel. Ich hatte dieses Szenarium in mein Traumrepertoire aufgenommen und wachte nachts schweißgebadet davon auf. Jede Art von Ausgeliefertsein machte mir unglaubliche Angst!

Neben dem Leuchtstoffröhrendeal war ich in meiner Kindheit noch zwei Mal kriminell geworden, einmal aus Angst und einmal einfach aus Gelegenheit.

Mein erstes Delikt verübte ich als ungefähr Zehnjähriger. Ich lief, wie so oft in meiner Kindheit, vom Prenzlauer Berg nach Weißensee, wo eine Schwester meines Vaters ein Beerdigungsinstitut betrieb. Wenn bei uns zu Hause mal wieder Ebbe in der Kasse war, durfte ich gegen ein ordentliches Taschengeld im Sarglager meiner Tante die Särge ausschlagen. Man legte dafür in einen Sarg etwas Holzwolle und eine Art Papierlaken und befestigte mit kleinen Nägeln um den inneren Rand des unteren Sargteils eine Art Zierpapier, was dem Sarg ein feierliches Aussehen gab.

Ebbe in der Kasse hieß: Es war gar kein Geld da, noch nicht mal für etwas zu essen. Dann saß Mama in ihrem Atelier, rauchte und sah traurig aus dem Fenster. Komisch, Zigaretten waren immer da ...

»Geldsorgen« war ein von Mama häufig benutztes Wort, das ich nicht mehr hören konnte und wollte.

In der Langhansstraße, durch die mein Spaziergang – oder besser gesagt mein Fußmarsch, denn es war ganz schön weit – führte, befand sich ein kleines Kino, ich glaube, es hieß »Jugend«.

Immer wenn ich hier vorbeikam, sah ich mir den Spielplan an und verweilte ein wenig in dem kleinen Eingangsbereich, in dem sich die Kinokasse befand. Ein festes Ritual, denn ich liebte Kino über alles. Gegenüber unserer Wohnung, an der Ecke Prenzlauer Allee/Christburger Straße, hatte es in meiner frühen Kindheit ebenfalls ein Kino gegeben, das »Berolina«, in das die nette Dame an der Kasse meine Brüder und mich so manches Mal umsonst reinließ, wenn Märchenfilme liefen. Dort entstand meine große Zuneigung zu bewegten Bildern.

Nun stand ich im Foyer, wo normalerweise hinter der Glasscheibe des Kassenhäuschens das mürrische Gesicht der Kartenverkäuferin zu sehen war. Doch dieses Mal war das Häuschen leer, und ich sah die

Kasse in Griffweite unbeaufsichtigt stehen. Ohne große Überlegungen wanderte meine rechte Hand blitzschnell unter der Scheibe durch den kleinen Schlitz hindurch und griff nach dem Geld. Dann rannte ich mit meiner Beute, einer Handvoll Geldscheinen, davon – nicht zur Tante, sondern direkt zurück nach Hause. Nachdem ich das Geld mit zittrigen Händen gezählt hatte, versteckte ich es unter meinem Bett. Dort ließ ich es einige Tage unberührt und unentdeckt von Mama und den Brüdern liegen. Schließlich beichtete ich meiner Mutter die ganze Sache und musste mir ein krachendes Donnerwetter anhören. Am Ende ließ sie mich das Geld holen, blickte lange darauf und brummte mir mehrere Tage Stubenarrest auf. Zu diesem Zeitpunkt war mal wieder unsere Stromrechnung nicht bezahlt. Wie durch ein Wunder kam zwei Tage später ein Mann, brach das Siegel am Stromzähler auf, und es wurde wieder Licht …

Das zweite Verbrechen war aus schierer Angst geboren. Frank, der hochkriminelle Freund meines Bruders, saß eines Sonnabends im hinteren Kinderzimmer und schwärmte vom reichen alten Mann, der auf der anderen Straßenseite in der Prenzlauer Allee Ecke Sredzkistraße einen Kohlenhandel betrieb. Das Geschäft befand sich auf einem von einer niedrigen Mauer umgebenen Grundstück und war aus unserem zweiten Stockwerk sehr gut einsehbar. Der gute Frank war sich total sicher, dass die Einnahmen der Woche übers Wochenende im Geschäft geblieben waren, und beschloss, nachts dort einbrechen. Er bestand darauf, dass mein Bruder ihn begleitete. Nach einer Weile stand Frank auf, fuchtelte mit seinem Tauchermesser in der Gegend herum und befahl: »Und du, Tommy, stehst draußen Schmiere, klar? Sonst gibt es was hinter die Löffel!«

Ich traute mich nicht, etwas dagegen zu sagen, doch zum Glück kam es gar nicht erst zur Straftat. Als Frank und zwei weitere seiner Kumpels zu mir und Peer (der sich entschlossen hatte, lieber mit mir an der

Mauer Schmiere zu stehen) zurückkehrten, berichteten sie schlecht gelaunt, dass offensichtlich schon jemand anderes da eingebrochen sei. Frank vermutete sofort Verrat in der Truppe und verdrosch einen seiner Kumpels daraufhin in unserem Hauseingang. Streng genommen hatten Peer und ich nichts verbrochen, oder doch? Auf jeden Fall war ich in den folgenden Wochen sehr angespannt, und jede Uniform ließ mich zusammenzucken.

PÄDAGOGIK MIT FEUER

Nun, hierzu muss festgestellt werden, dass mein Herr Vater in Sachen Pädagogik auch eines der heitersten Erlebnisse meines Lebens zu erzeugen wusste.

Wir Knirpse waren allein zu Hause, es war Winter und wir waren der Aufforderung, zu einer bestimmten Zeit im Bett zu liegen, nicht gefolgt. In der Speisekammer unserer Küche war ein kleines Fenster zum Hof hinaus, und an diesem hatte Oma kleine Gardinen angebracht, die von zwei weißen Stangen oben und unten gehalten wurden. An den Fenstern bildeten sich Eisblumen. Einer von uns hatte Streichhölzer gefunden, und damit versuchten wir nun festzustellen, ob man die Blümchen zum Schmelzen bringen konnte. Eine Gardine fing Feuer, brannte ab und wir liefen schnell ins Bett. Minuten später wurden wir von Mami und Papi aus dem Bett geholt. Sichtlich angetrunken stand unser Vater vor uns und donnerte los. Wie gefährlich das doch sei, nie wieder Streichhölzer anfassen, einen Katzenkopf hier und einen da, das ganze Programm verzweifelter Eltern. Zur absoluten Überraschung, auch meiner Mutter, riss Papi nun die von unserem Feuer verschont gebliebene andere Gardine vom Kammerfenster und lief damit ins Bad. Er hängte das Teil über einen Bügel, entzündete es und schrie dabei:

»Seht her, das passiert, wenn man mit Feuer spielt! Also Finger weg, klar?«

Ich sah Mama im Flur vor dem Bad, wo wir alle aufgereiht waren, sich umdrehen und in ihr Atelier laufen. Ob sie nun weinte oder lachte, das ließ sich leider nicht feststellen. Wir Jungs jedenfalls hatten noch tagelang große Freude an dieser Vorführung und waren einmal mehr der Meinung, dass Papi ganz anders war als andere Väter.

Er hatte Humor, denn ein paar Tage danach fuhr er wieder einmal auf Tournee, zu einer Bühnenshow oder Frau, genau wusste man das nie, und er verabschiedete sich bei uns – mit seiner langen Zigarette im Mundwinkel wie ein Cowboy aus dem Fernsehen – mit den Worten:

»Macht's gut, Jungs, hat einer von euch mal Feuer?«

Meine Erziehung oder Nichterziehung spielt jetzt aber keine Rolle mehr, das Ding, was Mama und ich hier jetzt gerade drehen, hat damit jedenfalls nicht viel zu tun.

PLATZT DIE NUMMER NOCH?

Bilde ich mir das nur ein, oder wird die Luft hier drin immer dünner? Mamas Kleid fühlt sich feucht an, ich rücke unmerklich ein Stückchen nach hinten. Und wieder beginne ich, mir Sorgen um sie zu machen. Ich habe Mama meistens als starke Frau empfunden. Jetzt kommt sie mir so hilflos vor wie an jenem Abend, als sie mich fragte, ob ich sie begleiten würde.

Es war ein Abend wie jeder andere. Ich war bei meiner Freundin gewesen und kam gerade nach Hause, als Michel, der neue Freund meiner Mutter, sich zum Gehen anschickte. Ich mochte den Kerl, er sprach ein sehr gutes Deutsch, was man nicht von allen Bekannten meiner Mutter sagen konnte, und war ausgesprochen höflich, ja, auf eine französische Art charmant, so wie ich das aus Filmen kannte. Mama verabschiedete ihn an der Haustür mit einem langen Kuss, umarmte mich, stöhnte ein »Ach, Tommy!« in die Gegend und nahm mich mit in ihr Zimmer. Ich war froh, sie so glücklich zu sehen, in der Ehe mit meinem Vater war das nur selten der Fall gewesen. Sie setzte sich an ihren kleinen Tisch neben dem Bett, an dem sie immer Karten legte, und bot mir eine Zigarette an. Ja, ich durfte in ihrer Gegenwart rauchen, seit ungefähr einem Jahr. Meine Freunde und ich saßen damals in Omas Zimmer und guckten Fußball, als sie hereinkam.

»Ich muss noch mal weg, macht keinen Unsinn, Jungs!«

Eine Stunde später war sie wieder da. Wir hatten das Fenster geöffnet, ordentlich gelüftet, aber sie roch den Rauch trotzdem.

»Kommst du mal bitte!«

Ich folgte ihr brav.

»Damit wir uns richtig verstehen«, sagte sie, »ich bin Kettenraucher und würde mir sehr wünschen, dass meine Jungs nicht rauchen. Aber dazu scheint es ja bereits viel zu spät zu sein. Seit wann rauchst du?«

»Ich? Äh, seit Kurzem.« Etwas Besseres fiel mir nicht ein.

»Also, hör mir zu, ich möchte nicht, dass du heimlich rauchst. Hier in der Wohnung eine, vielleicht zwei Zigaretten, mehr nicht! Wenn es denn unbedingt sein muss! Ich hoffe, dass du dann weniger qualmst.«

Kurze Zeit darauf kam sie ins Omazimmer und fragte, ob alles okay sei bei uns, und bot mir vor meinen Kumpels eine Zigarette an. War das ein lässiger Moment für mich! Als wäre dies das Normalste auf der Welt griff ich mir eine und entzündete sie unter dem Staunen der anderen.

Nun rauchten wir also gemeinsam. Und ich wurde das Gefühl nicht los, dass sie trotz ihres Glückes mit Michel etwas bedrückte. Hatte sie Ärger? Geldsorgen? Ich ging ihr nach und sagte leise zu ihr, noch auf dem Flur vor ihrem Atelier:

»Mama, ich bekomme erst am Monatsende mein Lehrlingsgehalt, aber ich könnte mir was borgen, wenn es eng ist.«

»Nein, nein, Tommy, das ist es nicht. Wir müssen was anderes besprechen. Nachher, wenn alle anderen schlafen, kommst du zu mir, okay?«, fragte sie.

Es klang furchtbar geheimnisvoll, und ich fing an zu grübeln, um was es sich dabei wohl handeln konnte. Hatte Mama Ärger? Das wäre ja nicht das erste Mal!

Obwohl sie versuchte, das vor uns Jungs zu verheimlichen, was natürlich bei drei Spionen äußerst schwierig war, war sie schon einmal zu einem Verhör abgeholt worden. Ich weiß nicht mehr, warum oder ob das ein einmaliger Vorgang war, aber sie schilderte das als unfassbar bedrohlich. In einem Keller, in einem Raum ohne Fenster und einer Türklinke innen hatte sie über eine Stunde warten müssen. Um dann weitere zwei Stunden verhört zu werden. Oder hatte einer der Jungs was angestellt, von dem ich nichts wusste?

Oder, und nun rutschte mir das Herz in die Hose, hatte es etwas mit unserer geplanten Flucht zu tun? Platzte die Nummer noch?

Hoffentlich nicht. Ich hatte mich bereits derart an den Gedanken gewöhnt, dass ich es nicht verwinden würde, wenn wir nun doch nicht aus dem schönen Osten in den Westen würden rübermachen können. War der Botschafter abberufen worden? Hatte jemand etwas bemerkt und uns verraten? Mein Puls fuhr hoch.

Das Warten nervte, und ich hatte den heftigen Wunsch, sofort zu ihr zu gehen, hielt mich aber zurück.

Um die Zeit zu überbrücken, ging ich zu Oma ferngucken. Diese Fernsehabende, zu denen manchmal auch meine Freunde kamen, waren Kult. In Omas Zimmer stand ein TV-Gerät aus sozialistischer Produktion, das schweineteuer gewesen war. Oma zahlte es schon seit geraumer Zeit ab. Das Bild war nur schwarz-weiß, ein Farbfernseher hätte das Doppelte gekostet, über 4000 Mark. Den konnten wir uns nicht mal annähernd leisten.

Um Westfernsehen zu empfangen, mussten wir so manche Verrenkungen mit der Antenne vollführen, ehe man von einem fast klaren Empfang sprechen konnte. Die *Sportschau* am Samstag war natürlich Pflicht. Am liebsten guckten wir Fußballspiele und Boxkämpfe mit Muhammad Ali, für die wir mitten in der Nacht aufstanden.

Das absolute Highlight war im vergangenen Oktober der Kampf von Ali gegen den haushohen Favoriten George Foreman in Zaire gewesen. Mein Bruder Peer sagte während des Kampfes, in dessen Verlauf Ali fast nur an den Ringseilen stand und fürchterlich Prügel bezog:

»Siehste, Atze, heute kriegt dein Ali richtig auf die Fresse!«

»Alles Taktik, wirste schon sehen«, schrillte meine erregte Stimme durch den Raum. Ich glaubte das nicht wirklich, und ich litt geradezu körperlich mit Ali, war er doch mein absolutes Idol!

Und dann geschah das Wunder, Foreman hatte sich müde geboxt, Ali schlug ihn k.o. und ich war glücklich.

Ich glaube, diese Übertragung sah heimlich die ganze DDR – außer den Unglücklichen, die im »Tal der Ahnungslosen«lebten, also in den Bezirken Dresden und um Greifswald herum, immerhin gut fünfzehn Prozent der Bevölkerung. Hier konnte man keinen Westrundfunk oder Westfernsehen empfangen.

Ich bin echt gespannt, wie es sein wird, Sport in Farbe zu sehen. Farbfilme kenne ich nur aus meinen Kinobesuchen. Die Olsenbande, die Louis-de-Funès-Filme, einige französische und italienische Filme liefen ja auch in der DDR, obwohl sie aus dem kapitalistischen Ausland stammten. *Fanfan, der Husar* mit Gérard Philipe war sehr lange mein Lieblingsfilm, den habe ich bestimmt an die zehn Mal gesehen. Abenteuer pur. Diese Filme entfachten das Fernweh in mir, das mich letztendlich in diesen Kofferraum gebracht hat. Für die Entscheidung, mich auf dieses Abenteuer einzulassen, hatte das eine starke Rolle gespielt. Alles in meiner Fantasie produzierte Leben, das ich leben wollte, die Geschichten, die ich las, und diese Filme machten mir es einfach, zuzustimmen. Ja, ich wollte die andere Seite der Welt kennenlernen, und während ich das hier denke, überkommt mich das warme Gefühl von Glücksfunken, die mich ganz durchdringen. Das ist selten im normalen Alltag, aber glücklicherweise fast immer in meinem Kopfkino erzeugbar. Mein Wunsch, dieses Verhältnis umzudrehen, war übermächtig, ich wollte richtige Erlebnisse. So wie verliebt zu sein, so intensiv. So harmonisch. Rauchen und Saufen waren kein Ersatz. Andere Sachen hatte ich noch nicht ausprobiert, aber dafür war ja noch genügend Zeit. Vielleicht mache ich ja mal einen Film oder schreibe ein Drehbuch, wer weiß? Vielleicht über diese Flucht, nein, das wohl nicht, wir werden es niemandem verraten, denn so können vielleicht noch viele andere abhauen. Mama hat darauf bestanden, niemand soll etwas wissen, wenn es gelingt, auch nicht die Westpolizei.

ABHAUEN ODER BLEIBEN?

Unruhig verbrachte ich den Rest des Abends vor dem Fernseher, bis ich endlich vor Mama saß.

»Hör mal, ich habe die Möglichkeit, nach Westberlin abzuhauen!«

Sie sprach außergewöhnlich leise und unsicher, was überhaupt nicht zu ihr passte.

»Äh, wie jetzt, du willst anhauen? Und wir?«

Ich kannte den Plan ja von meiner Lauschattacke, konnte es aber nicht zugeben.

Deshalb spielte ich erst einmal den Erstaunten.

»Genau deshalb will ich dich ja sprechen, ich kann einen von euch mitnehmen, aber nicht alle. Das ist genau das Problem!«

Unruhig rutschte ich auf meinem Stuhl hin und her, und Mama tat dasselbe auf ihrem Sessel.

»Bevor ich dir mehr erzähle, musst du mir eine Frage beantworten: Würdest du mitkommen wollen, ich meine, nach drüben?«

In meinem Schädel blitzte und donnerte es heftig. Natürlich hatte ich, wie wohl jeder hier, eine Million mal davon geträumt, reisen zu können, die Welt zu sehen. Aber in dem Augenblick, wo man mir diese Möglichkeit bot, war mein Kopf plötzlich völlig leer. Was ich belauscht hatte, wurde nun Wirklichkeit, bekam Konturen, wurde nun real. Endlich konnte ich darüber reden und war nicht länger allein mit meinem Geheimnis. Aber jetzt, wo sie es ausgesprochen hatte, machte ich trotzdem schlapp.

Wie paralysiert hockte ich zusammengesunken da, unfähig, etwas zu sagen. Schließlich griff ich nach einer Zigarette, zündete sie mit zittrigen Händen an und fixierte Mama, die inzwischen Tränen in den Augen hatte. Das Rauchen beruhigte meinen Kopf, und meine verstörten Gefühle schlugen um in Neugier.

»Du meinst, wir beide hauen ab? Und wer noch?«

Meine Mutter sah durch ihren kleinen, bescheidenen Gummibaumwald hinaus aus dem Fenster, als schiene sie in der Ferne nach der richtigen Antwort zu suchen. Tränen liefen ihr nun die Wangen hinunter. Ich sprang auf und nahm sie in die Arme. Es dauerte eine ganze Weile, bis wir uns wieder einigermaßen beruhigt hatten.

»Ich kann nur einen mitnehmen«, sagte Mama nun mit festerer Stimme, »mehr geht nicht. Kommst du mit?«

Wieder überschlugen sich meine Gedanken, Zweifel jagten ungefragt im Hirn umher und wechselten sich ab mit Angst und Euphorie.

Nach einer langen Pause hörte ich mich sagen:

»Klar, ich bin dabei!«

Der Satz kam einfach herausgeschnellt, ich erfasste den Sinn erst, nachdem ich ihn gehört hatte.

»Bist du sicher?«, flüsterte Mama.

»Na, dann lass mal hören, wie das denn bitte gehen soll«, sagte ich.

Ein Geräusch in der Wohnung ließ uns aufschrecken. Ich lief zur Tür und lauschte in den Flur. Aber nichts bewegte sich. Mama holte tief Luft.

»Michel hat einen Freund, der wird uns mit dem Auto hier rausholen. Wir legen uns in den Kofferraum, und dann geht es rüber. Aber da passen nur zwei Menschen rein, also muss ich mich entscheiden.«

»Und du willst mich mitnehmen? Und die Jungs?«

»Mensch, Tommy, das ist für mich auch nicht so einfach! Es ist, wie es ist. Wenn du ja sagst, dann muss dir klar sein, dass wir unseren Arsch riskieren. Verstehst du, wenn die uns kriegen, dann war's das! Willst du in Ruhe noch mal darüber nachdenken? Du darfst das aber auf gar keinen Fall mit jemandem besprechen, hörst du, mit keinem!«

»Wann?«, fragte ich, um Zeit zu gewinnen.

»Sehr bald, mein Junge, bald.«

»Und warum gerade jetzt? Wegen Michel, willst du zu ihm ziehen?«

Mama lehnte sich zurück, blies den Rauch vom Gesicht weg und stöhnte.

»Ja, natürlich auch deshalb, aber es gibt noch andere Gründe. Generell will ich hier sowieso raus, hier kann ich nichts werden. Viele meiner Freunde sind unter Druck, hier kann ich kein richtiges Geld verdienen. Ihr habt es ja selbst zu spüren bekommen, wenn wenig da war. Ich hab alles versucht, aber ich habe die Schnauze gestrichen voll von den ständigen Geldsorgen! Ich schaffe das nicht mehr ...«

Wieder weinte sie, und mein Herz zog sich schmerzhaft zusammen. Richtig, sie hatte alles versucht, und vielleicht würde sie da drüben aufblühen und die Anerkennung als Künstlerin bekommen, nach der sie sich so sehnte. Aber war das der wahre Grund? Sie war schon sehr verliebt in diesen Michel und in die Westaura, die er verströmte.

Mama stand auf und schlich zur Toilette. Nun saß ich allein im Zimmer und sah mich um. Eigentlich gemütlich, aber auch mit so vielen beschissenen Erinnerungen verbunden, dass ich mir gut vorstellen konnte, alles hinter mir zu lassen. Doch gleich darauf beschlich mich die Angst. Was, wenn die uns kriegen? Ich bin zwar noch minderjährig, aber bestrafen werden die einen doch trotzdem. Und Mama, herzkrank wie sie ist, wie will sie das durchstehen? Aha, wahrscheinlich soll ich deshalb mit, das packt die nie alleine!

Mama kehrte vom Klo zurück, griff zur nächsten Zigarette und sagte, nun erstaunlich ruhig:

»Tommy, mein Entschluss steht fest, und ich bin mehr als bereit, dieses Risiko einzugehen. Sie werden mich steinigen als Negerhure und schlechte Mutter, aber ich kann nicht anders, jetzt bin ich mal dran!«

Nun drohte mir vor Aufregung die Blase zu platzen, und ich verschwand im Bad. Ich blieb länger als nötig sitzen und versuchte Ordnung in meine wild durcheinander wirbelnden Gedanken zu bekommen.

Natürlich war es naheliegend, dass die Afros ihr hier raushelfen konnten. Seit der Scheidung von Pat war sie ständig auf Veranstaltungen und Festen in den verschiedensten Botschaften ihrer afrikanischen Freunde gewesen. Manches Mal wurde uns das zu viel. Dann haben wir einfach ihre Ausgehschuhe versteckt, bis ihr Ton so scharf wurde, dass wir sie ihr aushändigten. Ein Spiel, das wir immer wieder durchzogen.

Aber hatte dieser Plan auch eine reelle Erfolgschance? Mir kamen Zweifel, gemischt mit einer ordentlichen Portion Angst. Sollte ich lieber hier bleiben? Nein, warum auch immer, ich wusste in diesem Augenblick, was ich wollte.

Als ich zurück in ihr Zimmer kam, lag Mama auf ihrem Bett und sah mich erwartungsvoll an. Ich wiederholte, diesmal sehr bewusst:

»Okay, egal wie, ich bin dabei.«

Ich setzte mich zu ihr aufs Bett, und wir sahen uns lange wortlos an. Jeder hing seinen Überlegungen nach, und trotzdem hatte ich das Gefühl, wir würden das Gleiche denken. Schließlich überkam mich eine große Müdigkeit, und ich legte mich hin. Wir starrten beide schweigend an die Decke. Bilder tanzten auf dem matten Weiß vor meinen Augen wie auf einer Kinoleinwand. Ich sah mich im Westen auf einer Bühne stehen und mich oscarreif für einen erhaltenen Preis bedanken. Dann sah ich mich in einer Zelle auf einem dreckigen Boden hocken; seltsamerweise sah die Zelle aus wie in meinen geliebten Musketier-Filmen, also eher wie ein Kerker. In der nächsten Szene wurde ich von meinen Brüdern Dirk und Peer verprügelt. Schnell setzte ich mich wieder auf.

»Geh schlafen, Tommy, wir reden morgen wieder, okay? Nacht, mein Junge!«

Ich beugte mich zu Mama runter, küsste flüchtig ihre Stirn und ging in mein Zimmer.

FLUCHT IN SCHWULEN JEANS

Habe ich meinen Ausweis mit? Ich taste vorsichtig meine Jeans ab, ja, da ist er. Ich war stolz auf diese Jeans, denn sie war eine sogenannte Schlaghose, die vom Knie ab nach unten immer weiter wurde, was für meine dünnen Beinchen sehr günstig war. Sie hatte sehr enge Taschen und kniff ein bisschen im Schritt. Ein kleiner, vorsichtiger Griff, so ist es besser. Diese Hose hatte Oma Hedwig mitgebracht, aus Westberlin. Sie besuchte da ab und zu eine berühmte Sängerin namens Evelyn Künneke, bei der sie früher, vor dem Mauerbau, als Haushaltshilfe gearbeitet hatte. Ich liebte es, wenn Oma mir diese Wohnung beschrieb, und wollte da unbedingt hin, sobald wir uns im Westen etwas eingelebt hatten. Denn dort tobte das Künstlerleben, wie Oma gern sagte. Nur Bekloppte! Aber auch richtig berühmte Leute gingen und gehen da ein und aus, wie sie zu berichten wusste. »Und ganz viele Homosexuelle«, flüsterte sie. Die waren so nett und gaben der guten Hedwig meist ihre ausrangierten Klamotten für uns arme Bengels mit – so kam meine Lieblingshose zu mir.

Bei meinen Eltern verkehrten mein ganzes Leben lang auch Homosexuelle, Männer wie Frauen. In der Geborgenheit unserer Wohnung gab es keine großen Tabus, und spätestens nach ausreichendem Genuss von Alkohol erkannte man sowieso die Neigungen der Leute. Mit Ausnahme der Arschlöcher vielleicht, die auf Freund machten und dann ihre Berichte an die Stasi weitergaben, verstellte man sich bei uns nicht.

Omas Beschreibungen der Künstlerwohnung Künneke in der Giesebrechtstraße unweit des Ku'damms waren derart präzise, dass ich die Wohnung vor meinem geistigen Auge abgehen konnte. Im Treppenhaus gab es einen herrlichen alten Fahrstuhl (»Laufen ist schneller als das alte Ding«, sagte Oma gern). Betrat man die Wohnung im ersten Stock, stand man zuerst in einem kleinen Flur, von dem vier Zimmer abgingen: eine Gästetoilette, ein Gästezimmer, ein riesiges Esszimmer und eine Bibliothek. Letztere war Omas Lieblingszimmer, denn die Atmosphäre dieses Raums, der das Reich von Evelyns Vater, dem Komponisten Eduard Künneke gewesen war, nahm sie gefangen. Eine Wand der dunkelrot tapezierten Bibliothek war ganz von schwarz lackierten Bücherregalen verdeckt, auf dem sich neben Vater Künnekes unzähligen Büchern auch einige Auszeichnungen der Tochter befanden. Vor dem Fenster stand ein alter schwarzer Schreibtisch und in der Mitte des Raums ein ebenfalls schwarzer Stutzflügel, an dem Herr Künneke noch bis zu seinem Tode im Jahre 1953 komponiert hatte. Auffällig groß hing ein Bild des Meisters in Dirigentenpose da. Der Vater von Evelyn hatte viele Operetten komponiert, aber Oma fiel meist nur *Der Vetter aus Dingsda* ein.

Ging man ins Esszimmer, welches auch von der Bibliothek aus erreichbar war, empfing einen ein Sofa mit drei Sesseln in einem Erker. In der Mitte des Raumes stand ein riesiger Esstisch mit acht Stühlen und an der Wand ein weiteres Regal voll mit Notenordnern. An den Wänden hingen naiv anmutende Gemälde, die allesamt von Evelyn stammten. Es waren derart viele, dass man von der Wand eigentlich recht wenig sah. Oma fiel besonders ein Ölgemälde auf, das einen sitzenden nackten Mann zeigte. Tja, die Oma, ein Leben, ein Mann, eine Liebe. Alles andere war für sie sonderbar. Am anderen Ende des Esszimmers führte eine Tür in einen zweiten Flur, von dem ein Balkonzimmer, ein Bad und die Küche abgingen. In dieser großen Altberliner Küche hatte Oma am meisten zu tun gehabt, denn hier kochte sie viel für die Familie, die fast täglich Besuch empfing.

Und schließlich Evelyns Schlafzimmer. Hier traute sich Oma nur schwer atmend hinein, und sie fand ein riesiges Bett, einen ebenso riesigen Schrank, einen Schminktisch und unglaublich viele herumliegende Federboas vor. Die fand Oma ziemlich kitschig und legte sich manchmal spaßeshalber eine um den Hals, wie sie verschämt berichtete. Außerdem sei die Evelyn nicht ohne, hätte viele Liebschaften und tränke mehr, als sie sang, wie die Zeitungen, die Oma da drüben immer las, titelten. Mama hatte sich in der Zeit vor dem Mauerbau, als sie in Westberlin Malerei studierte, des Öfteren mit Evelyn getroffen und pflegte, wenn sie in Jugenderinnerungen schwelgte, immer zu sagen: »Die Künneke ist wie ich, wir sind wie Schwestern, beide Vollweiber halt und etwas verrückt!« Und beide wurden als typische Diven von schwulen Männern verehrt.

Evelyn wurde im Krieg berühmt, da sie den damals nach Lale Andersons »Lilli Marleen« wohl bekanntesten Titel sang, den die armen Schweine in ihren Panzergräben über den Rundfunk und durch ihre Frontbetreuungsauftritte zu hören bekamen: »Sing, Nachtigall, sing«, ein Lied aus dem Film *Karneval der Liebe* mit Johannes Heesters und Hans Moser. Im Fernsehen der DDR gab es am Montagabend eine Sendung namens *Willi Schwabes Rumpelkammer*, in der ein sehr beliebter älterer Herr selbigen Namens auf einer Art Dachboden in alten Requisiten herumkramte und Anekdoten zu den Filmen erzählte, aus denen diese stammten. Er plauderte über die Schauspieler und Filme, und am Ende wurde eine der alten Kamellen gezeigt, denn diese alten Ufa-Filme waren im Besitz des Staatlichen Filmarchivs der DDR. Oma liebte die Sendung, und so sah ich zwangsläufig mit ihr so manchen alten Film aus der Zeit vor 1945, unter anderem auch den mit dem Künneke-Song.

Nach *Willi Schwabes Rumpelkammer* lief übrigens eine weitere typische DDR-Sendung: *Der schwarze Kanal*. Karl-Eduard von Schnitzler, genannt Sudel-Ede, hetzte dort gegen den kapitalistischen Klassenfeind. Wir haben diese Sendung nie zu Ende gesehen, so wie die meisten Bürger der DDR. Deshalb hieß Sudel-Ede auch bei allen nur Karl-Eduard von Schnit…, denn spätestens an der Stelle hatte man zum Westfernsehen um- oder einfach abgeschaltet.

HUNGER UND DURST

Mir ist jetzt schon eine ganze Weile schlecht vor Hunger, und mein Magen fängt an, Geräusche zu machen. Erschwerend kommt nun auch heftiger Durst hinzu. Mein Lieblingsgetränk ist Fassbrause, der Gedanke daran macht mich noch durstiger. Mein Mund wird immer trockener, ich muss schlucken. Bleib cool, Tommy, denke ich, bald ist es geschafft und dann kannst du Coca-Cola trinken. Cola hatte ich schon einige Male probiert, die schmeckte noch ein kleines bisschen besser als Club-Cola. Oder die Vita-Cola, die in meinem Geburtsjahr in den Handel kam und sozialistisch korrekt als »Brauselimonade mit Frucht- und Kräutergeschmack« bezeichnet wurde. Ich dachte erneut an meine Kindheit, in der ich mit meinen Brüdern oft das gleiche Spiel gespielt hatte. Wollten wir ins Schwimmbad und hatten das eigentlich lächerlich geringe Fahrgeld von 20 Pfennigen für die Straßenbahn nicht übrig, so suchte ich in den Gleisen so lange herum, bis mich eine meist ältere Dame fragte, wonach ich denn da suche. Ich hätte mein Fahrgeld in den Gleisen verloren, entgegnete ich dann theatralisch, und oft, nicht immer, gaben mir dann die Damen das benötigte Kleingeld.

Ein Broiler und eine kalte Fassbrause wären jetzt der Oberknaller!

Oder besser ein Burger und eine leckere Coca-Cola, als Willkommensmahlzeit im Westen.

Die Zeiten, in denen ich und meine Brüder eher spärlich – oder besser gesagt, fast immer das Gleiche – aßen, hatten dazu geführt, dass ich mich sehr gut mit wenig begnügen konnte. Da es bei uns sehr oft Letscho aus der Dose gab – eine Art Eintopf aus Gemüsepaprika, Zwiebeln und Tomaten, den ich nicht herunterbekam –, war ich halt auf Brot mit hartgekochten Eiern oder Senfstullen angewiesen. Oder Milchbrock: alt gewordene Brötchen in heißer Milch und viel Zucker darauf. Oma nannte das »Arme-Leute-Essen«. Ebenso wie Hering in Essigsoße mit vielen Zwiebeln. Die sind mir eigentlich zu sauer, aber wenn Oma die Heringe in der Pfanne briet, stand ich Gewehr bei Fuß neben ihr, bis sie goldbraun waren, und schnappte mir dann ein paar, bevor sie in Essiglake eingelegt wurden.

Ich werde mich auf jeden Fall erst einmal durch die gesamte Lebensmittelabteilung des KaDeWe futtern. Die Bilder einer Reportage sind mir nicht mehr aus dem Kopf gegangen. Unendlich lange Tresen, nur für Fisch oder Fleisch, eben das größte Warenhaus Europas, mitten in Westberlin. Oje, ich muss versuchen, an was ganz anderes zu denken.

GIBT ES ENGEL?

Ein anderes Thema, schnell, ja, aber was denn bloß?

Menschenskind, das dauert aber auch! Oder bilde ich mir das nur ein? Wenn es einen Schutzengel gibt, ja, dann wäre jetzt wohl die richtige Stunde, um aktiv zu werden! Mir geht langsam die Puste aus!

In der Geisterwelt meiner Mutter jedenfalls existierten die Schutzengel, sie gehörten zu ihrem festen Glauben. Wenn man etwas so oft, so intensiv von einer Person hört, die man liebt, dann schleift sich das fest ein ins Gehirn. Mal war ich geneigt, daran zu glauben, und zwar immer dann, wenn ich in Not geriet, aber ohne Not zweifelte ich daran und tat es als Hokuspokus ab. Das scheint menschlich zu sein. Beten im eigentlichen Sinne war mir zu unrealistisch. Also, wenn das so funktionieren würde und, sagen wir mal, eine Milliarde Menschen in derselben Minute auf der Erde beteten, wie sollte Er das alles empfangen und auswerten? Völlig auszuschließen war das aber auch nicht. Außerdem beschäftigte mich in diesem Zusammenhang auch die Frage, ob der große Meister da oben überhaupt so viele verschiedene Sprachen beherrschte. Das wäre in der Tat göttlich. Oder kommunizierte man per Gefühl mit ihm?

Mamas Version von Geistern und Schutzengeln war mir da näher. Bei einer ihrer Erklärungen hatte sie mich fast überzeugt. Ein Kind läuft seinem Ball hinterher, die Großmutter hält ihre Enkelin in allerletzter Minute davor zurück, vor ein Auto zu laufen. Nun stirbt die liebe Oma irgendwann, bleibt aber »erdgebunden«, wie Mama das nannte, weil ihre Seele in Sorge um ihr Enkelkind noch eine Weile in dessen Nähe bleibt – das wäre dann der klassische Schutzengel. Das ergab Sinn, fand ich.

In den letzten, von unruhiger Schlaflosigkeit geprägten Nächten hatte ich mich hingesetzt und versucht, diese Überlegungen in ein kleines Märchen zu packen. Ich schrieb, auch um mal an etwas anderes zu denken als an den zweiten Fluchtversuch, der vor uns lag. Beim Schreiben schalte ich total ab.

Ich schrieb mit der Hand, weil die alte Schreibmaschine meines Vaters, die bei uns geblieben war, viel zu laut gewesen wäre und ich so auch sehr klein schreiben konnte. Schließlich wollte ich meine Geschichten ja mitnehmen.

TRAUMHAFT

Die beiden saßen verliebt am Strand. Er hielt ihre Hand, und sie hatte ihren Kopf an seine Schulter gelehnt. Unbeschreibliches Glück durchströmte sie, und die nahezu perfekten Umstände taten das Ihrige. Es schien ein voller Mond majestätisch über dem Meeresspiegel und tauchte alles in ein geheimnisvolles, silbriges Licht. Jung war ihr Glück, erst einige Stunden alt. Alles passte, unergründliche Mächte hatten sie verschmelzen lassen zu einem großen, liebenden Wir. Sie richtete ihren Blick, der aus strahlend blauen Augen kam, hinauf zu den Sternen, ihr Haar wehte im Nachtwind um seine Gesichtszüge, die männlich und jungenhaft zugleich waren. Er folgte ihrem Blick hoch hinauf zu den Sternen, die unbeschreiblich zahlreich am Firmament mit ihren Augen um die Wette zu leuchten schienen. Aus der Ferne war leise Musik zu hören und Stimmengewirr. Vor ihnen lag ein Korb mit zwei geleerten Rotweinflaschen neben dem Weißbrot, nach dem er nun hungrig griff.

Die Wellen liefen vor ihren Füßen im Sande aus und berührten knapp ihre Zehen. Das Wasser war angenehm warm. Sie umarmten sich innig.

»Traumhaft, ist es nicht traumhaft schön?« Ihr Mund war seinem Ohr ganz nahe, und sie hatte diese Worte hineingeflüstert. »Warum nur sind diese Momente des Glückes die Ausnahme in unserem Leben und nicht die Regel?«, fuhr sie fort. »Neunzig Prozent unserer Zeit vergeuden wir mit negativen Dingen, und die schönen Augenblicke kommen zu kurz.«

Er löste sich aus ihrer Umarmung und stand auf.

»Du hast recht, ich werde morgen wieder nach Hause fahren, du wirst zurück in deine Welt gehen, und nichts wird mehr sein wie in diesem Augenblick. Wer hat das bloß erfunden? Das Leben ist nicht fair! Mir werden nur die Nächte bleiben, in denen ich von dir träumen kann.«

Plötzlich vernahmen sie hinter sich ein leises Lachen. Abrupt drehten sich beide gleichzeitig um und sahen im Sand hinter sich eine in ein weißes Gewand gehüllte Gestalt sitzen. Er überwand den Schock als Erster und sprach:

»Hey, was machen Sie denn da? Schleichen sich hier an und jagen uns einen Heidenschreck ein! Sie Spanner! Gehen Sie zurück zu Ihren Freunden und feiern Sie weiter.«

Der Angesprochene blieb unbeirrt sitzen und lächelte den beiden zu.

»Beruhigt euch, ich habe keinerlei böse Absichten. Ich war auf der Reise und habe euch hier so romantisch sitzen sehen. Ich habe eine Schwäche für Momente wie diesen. Wann immer zwei Herzen zueinander finden und verschmelzen, kann ich nicht anders und möchte in ihrer Nähe sein. Das hat mir schon viel Ärger eingebracht, da die Menschen das gern missverstehen, aber glaubt mir, ich komme in guter Absicht. Ihr spracht gerade über Träume?« Nun war auch sie aufgesprungen und stellte sich schutzsuchend hinter ihn. Skeptisch beäugten sie den merkwürdigen Störenfried. Dieser setzte sich demonstrativ vor die beiden hin, machte eine einladende Handbewegung, die sagen sollte, dass auch sie sich zu ihm setzen sollten.

»Seid ohne Furcht, ich werde meine Reise gleich wieder fortsetzen, aber vorher sollten wir uns kurz unterhalten. Allzu oft werdet ihr dazu keine Gelegenheit mehr haben!«

»Du hast uns belauscht!«, stellte er fest, ergriff ihre zitternde Hand und zog sie mit sich fort. »Typisch Mensch, gerade noch im siebten Himmel und schon wieder unfreundlich und gemein! Und sich dann beschweren, dass alles so ungerecht ist auf der Welt!« Sie riss sich los und baute sich nun demonstrativ vor dem Mann im Sand auf.

»Höre mir mal bitte gut zu, mein Freund! Niemand hat dich eingeladen, dich in unser Leben einzumischen! Wir kommen ganz gut alleine klar damit! Und nun gib Ruhe!«

»Würdest du dich dann derart aufregen, wüsstest du die Antwort auf deine Frage? Nein! Also, wenn ihr Fragen haben solltet, wie vorhin in den Nachtwind gestellt, hier bin ich, fragt mich nur, ich werde euch antworten!«

»Wie kommst du darauf, dass wir Fragen hätten, und vielmehr noch, dass du sie uns beantworten könntest? Was bist du, Lebensberater?«

»Im weitesten Sinne könnte man das bejahen! Obwohl das hier wohl noch nicht um eine Familienangelegenheit gehen kann, nicht wahr, denn du«, er zeigte auf sie, »bist ja bereits verheiratet, aber nicht mit diesem hier, oder?«

Sie sank in den Sand, und auch er setzte sich nun hin. Die Dreiergruppe saß eine Weile schweigend da, bis der ungebetene Gast das Wort wieder ergriff: »Das macht aber nichts, verzeiht mir, das sollte kein Vorwurf sein. Die Liebe geht ihre eigenen Wege, das weiß ich wohl am besten, und das ist auch gut so. Denn einzig wichtig ist nur, das es sie gibt, egal zwischen wem.«

Sie streckte ihre Füße aus, Neugier erfasste sie: »Also, woher willst du denn wissen, dass ich verheiratet bin, aber nicht mit ihm? Sieht man es mir an, ist mir mein schlechtes Gewissen auf die Stirn geschrieben?«

Sie betrachtete ihn intensiv, und es fiel ihr auf, dass sein Gesicht sehr jung aussah und so gar nicht zu dem passen wollte, was er sagte. Ihre Blicke begegneten sich.

»Ich bin ein Engel!«

»Ein was? Was ist denn das jetzt für ein Unsinn? Die kann man doch gar nicht sehen!«

Er fixierte sein Gegenüber und spannte alle Muskeln, bereit, sich auf den Irren zu stürzen, sollte er irgendetwas Überraschendes tun.

»Ich weiß, es klingt unwahrscheinlich, aber es ist wahr! Ich bin ein Engel, und natürlich können wir uns in gewissen Momenten für euch sichtbar machen. Und eine andere Gestalt annehmen, je nach Stimmung. Du bist Lisa und du Robin.«

Sie sahen sich beide ungläubig an. Was lief hier ab?

»Bitte beruhigt euch, es ist immer so. Erst glaubt es keiner. Robin, noch vor drei Tagen hast du völlig ausgeschlossen, dass du dich noch einmal verlieben könntest. Dir fehlte der Glaube daran. Das ist übrigens ein Grundübel bei euch Menschen, der mangelnde Glaube an euch selbst. Wäre dies nicht so, ich wäre glatt arbeitslos. Also, ich bin natürlich nicht zufällig gerade hier gelandet. Wie gesagt, wenn sich zwei lieben, dann ist das ein so kostbares Gut, dass man es, sagen wir mal, fördern muss. Vorhin wart ihr schon wieder drauf und dran, alles zu bezweifeln und das Ende herbeizureden, oder? Also, wenn ihr eine Frage habt, dann nur zu!«

Die Musik im Hintergrund war inzwischen völlig verstummt und nur das eherne Rauschen des ewigen Meeres zu hören. Die Stimme des Engels klang dadurch noch um einiges intensiver und der Mond schien direkt auf sein Gesicht.

Lisa versuchte Ordnung in ihre Gedanken zu bringen und fragte: »Wenn du wirklich ein Engel bist und nicht ein mit Drogen vollgepumpter Freak, dann beweise es. Die Tatsache allein, dass du unsere Namen kennst, beweist doch noch gar nichts.«

Der Engel lächelte in sich hinein.

»Gut, fangen wir mit dir an. Du bist, wie schon erwähnt, verheiratet, hast eine Tochter, die zwölf Jahre alt ist, und bist, milde ausgedrückt, zu feige, deinen fast immer betrunkenen Mann zu verlassen, obwohl du weißt, dass es für eure gemeinsame Tochter besser wäre und du ihn seit Jahren nicht mehr liebst, so gerne du es auch wolltest. Wäre dies nicht so, hättest du dich nie und nimmer in Robin verlieben können. Reicht das für den Anfang?«

»Du hast eine Tochter?«, fragte Robin verblüfft. Er zog eine Zigarette aus seinem Hemd und zündete sie hektisch an.

»Auch das kann jeder herausfinden, der jemanden aus meinem Bekanntenkreis kennt, das beweist gar nichts! Ich will einen deutlicheren Beweis!«

»Wenn du nicht glaubst, dass ich ein Engel bin, dann kann ich damit prima leben. Es ist nicht so wichtig. Meine Aufgabe besteht darin, euch zu bestärken, dass ihr eure Liebe so lange wie möglich erhalten sollt. Denn sie ist das kostbarste Gut auf dieser eurer Erde! Das ist alles. Normalerweise rede ich auch nicht mit den Menschen, um die ich mich kümmere. Mit Wörtern, meine ich. Also, wie gesagt, normalerweise mische ich mich eher unmerklich in die Geschehnisse ein, lenke hier ein bisschen und steuere da ein klein wenig, damit die Menschen nicht nur zueinander finden, sondern auch eine Weile zusammenbleiben. Aber das kann ich immer nur bei Menschen tun, die einen großen Glauben in sich haben, sonst geht da gar nichts. Es ist nicht einfach, das gebe ich gerne zu. Aber die Liebe ist der einzige, unerklärliche Zustand, für den es sich zu leben lohnt, und nicht zu sterben, was viele irrtümlich nicht nur glauben, sondern aus Liebe auch tun wollen. Der Tod kommt so oder so.«

Robin stoppte den Redefluss des vermeintlichen Engels.

»Entweder nimmst du was, das ich nicht kenne, oder du willst uns verarschen!«

»Du, mein Lieber, hast zu Hause eine Frau zu sitzen, die dich nie geliebt hat, und du weißt das. Du bist Anwalt und hasst deinen Job. Viel lieber würdest du malen, malen und nochmals malen. Das tust du heimlich, aber eigentlich ist es dein Herzenswunsch! Du lebst gegen dein Schicksal und solltest dies schleunigst ändern. Nur um deinem Vater zu gefallen, solltest du nicht einen Beruf ausüben, der dir derart viele Schwierigkeiten bereitet. Kurzum, das Schicksal hat beschlossen, dass ihr zwei zusammengehört.«

Lisa daraufhin: »Wenn du ein Engel bist, aus einer anderen Sphäre sozusagen, dann beantworte mir meine Frage von vorhin: Wieso ist das Glück so kurz und der Rest so anstrengend?«

Der Engel machte ein ernstes Gesicht, sah hinauf zu den Sternen und sagte leise, kaum hörbar: »Das ist ja der Denkfehler, der sich eingeschlichen hat. Du hast vorhin den Begriff traumhaft verwendet, und das genau ist der Schlüssel. Alle Menschen glauben ja, wenn sie sich schlafen legen, würden sie träumen und so der Realität entfliehen. Und wenn sie erwachen, dann sei dies das wirkliche Leben. Es ist tragisch, dass sie es nicht besser wissen, aber das stimmt so nicht.

Es ist genau umgekehrt. Denn das, was ihr zu träumen glaubt, ist tatsächlich die Wirklichkeit, und das, was ihr im angeblich wachen Zustand erlebt, sind in Wahrheit eure Alpträume, eure Ängste und eure Zweifel.

Aber das merkt ihr nicht mehr. Zu sehr habt ihr euch in den Pessimismus verliebt.«

Ein Geräusch ließ Lisa und Robin aufhorchen. Sie sahen hinter sich, und als sie sich wieder umdrehten, war der Engel verschwunden.

»Alles ist also genau umgekehrt? Ist es der Rotwein, oder hast du eben auch einen Engel kennengelernt?«, fragte er sie.

»Das habe ich wohl«, entgegnete sie, »und wenn er recht mit dem hat, was er sagt, dann wäre ja der ganz lange Schlaf, also der Tod, dann doch das Paradies!«

Sein Blick fiel auf den Sand vor ihnen, wo gerade noch der Engel gesessen hatte, und er fuhr erschrocken zusammen.

»Was ist?«, fragte sie.

»Da, schau mal, da steht: ›Liebe Grüße, Karl!‹«

»Und wer ist Karl?«

»Karl war mein Großvater, er ist seit fünf Jahren tot!«

Wenn wir drüben alles geregelt haben, suche ich mir einen Verleger. In Mamas großer Handtasche liegen meine zerknitterten Storys.

Aber ich bin ja noch nicht volljährig. Bestimmt muss Mama dann alles für mich unterschreiben. Wird sicherlich alles nicht so einfach. Ich muss mir was einfallen lassen. Vielleicht schreibe ich über meine Kindheit im Osten. Darüber können ja nicht so viele schreiben. Oder ich schreibe über die Flucht hier! Quatsch, das geht ja nicht, denn dann würden ja alle anderen den Fluchtweg erfahren, auch die Stasi!

Wie viel mag man wohl für ein Buch bekommen?

Einmal mehr sehe ich den Bildern in meinem Kopf zu, die mich zum Zuschauer dessen machen, was mein Unterbewusstsein mir vorspielt. Ich sehe mich in einem Theater sitzen, an einem Tisch, der nur von einem Spot ausgeleuchtet ist. Ich lese aus einem Buch. So wie ich es bei meinem Vater gesehen habe. Ein Mann springt ins Bild und schreit:

»Der ist aus der DDR! Steinigt ihn!«

Schnell unterbreche ich die kleine Trance und mein Bewusstsein kehrt zurück in die Wirklichkeit.

CHECKPOINT CHARLIE

Seit ich wusste, wo unser Fluchtwagen durchfahren würde, wollte ich mich unauffällig schlau machen. In die Nähe des Checkpoint Charlie war ich noch nie gekommen. Nach der Arbeit machte ich mich an dem Freitag nach unserem ersten, gescheiterten Versuch auf den Weg. Ich wollte einfach einen Blick auf den Ort des Geschehens werfen. Aber ich kam nicht nah genug heran, hatte auch ehrlich gesagt große Angst davor, durch mein Verhalten Aufmerksamkeit zu erregen. So fuhr ich enttäuscht wieder nach Hause. Blöde Idee. Ich versuchte mich mit dem Gedanken zu beruhigen, dass der Botschafter schon wissen werde, wie man da durchfährt. Schließlich pendelte der ja regelmäßig hin und her.

Es gab einfach keinerlei gesicherte Informationen über dieses schreckliche Bollwerk aus Beton. Es wurde viel gemunkelt, klar, aber wer außer den Menschen, die damit direkt zu tun hatten, wusste wirklich Bescheid? Keiner. Mein Wissensstand sah so aus: Die Mauer besteht aus Betonplatten, die meist oben mit einer Rohrauflage versehen sind, damit man, falls man es überhaupt über die Panzersperren und Hundezäune bis dahin schaffte, daran abrutscht. Es gab Selbstschussanlagen, wie man hörte, allerdings wohl nur an der Staatsgrenze zur BRD, nicht in Berlin. Aber wer wusste das schon genau? Hatten die wirklich eine Art Personenwaage, wie ein Bühnenarbeiter am Deutschen Theater mal behauptet hatte? Das jeweilige Autogewicht wurde angeblich aus einer Liste, nach Automarken sortiert, plus des durchschnittlichen Gewichts der Insassen ermittelt, wenn die Autos zur Kontrolle anhalten mussten. Wenn das stimmte, waren wir erledigt. Ich wiege zwar nicht viel, aber Mama gleicht das wieder aus.

Manche munkelten sogar was von Röntgengeräten aus Moskau. Irgendwann wurden mir diese beängstigenden Vermutungen zu viel, und ich ließ mich einfach in mein Schicksal fallen.

Der Wagen hält nun schon ungewöhnlich lange. Seit Minuten. Wahrscheinlich steht ein Auto vor uns. Oder mehrere in einer Schlange? Wir sind ja noch im Osten, und da sind Schlangen normal. Was weiß denn ich? Ich kann ja nicht sehen, was außerhalb dieses Kofferraums geschieht!

Jetzt fahren wir Schlangenlinien – um Barrieren herum? Die gibt es sicher, sonst könnte man ja mit einem größeren Auto einfach durchbrechen.

Mama reckt sich ein wenig, so gut es eben geht. Bellen da Hunde? Sofort kommen mir wieder die Bilder aus meinem Werkstattfenster in den Sinn. Diese armen, ausgehungerten Tiere, die in ihren von hohem Stacheldraht begrenzten Laufbahnen hin und her hetzen, gibt es die hier auch? Jetzt nur nicht durchdrehen!

Ich versuche aus dem Geräuschchaos, das nun zu uns dringt, etwas herauszuhören.

Im Wagen riecht es inzwischen sehr stark nach Schweiß, und ich unterdrücke eine aufkommende Übelkeit. Mama geht es wohl nicht besser, denn sie seufzt einmal ziemlich laut auf, sicher unbewusst.

Was denn jetzt? Der Motor geht aus, und ich kann Stimmen hören: die von draußen wie durch Mull, die von unserem Fahrer besser. Die Rückbank ist ja so manipuliert worden, dass wir genug Luft bekommen, falls wir doch wieder zurückfahren müssen. Hoffentlich bemerken die das nicht. Neben und hinter uns höre ich andere Fahrzeuge.

Ich höre, wie unser Held die Fensterscheibe runterkurbelt. Ich halte den Atem an. Sicherlich ist das auch für ihn der Moment der Wahrheit. Er riskiert ja nicht nur seine Karriere, sondern würde schlimmstenfalls sogar in einen Schusswechsel geraten, wenn Mama losrennt, falls wir entdeckt werden, so wie sie es sich vorgenommen hat. Egal, jetzt ist es eh zu spät, über einen Rückzug nachzudenken. Ich habe erneut das lähmende Gefühl, nichts, aber auch rein gar nichts an dem, was gleich passiert, ändern zu können.

Eine Stimme, offensichtlich ein Grenzer, fordert, dank des geöffneten Fensters an der Fahrerseite nun gut verständlich: »Die Papiere bitte!«

Der Botschafter am Lenkrad sagt höflich:

»Gern, hier, bitte sehr.«

Dann passiert gefühlte Jahrhunderte nichts.

Plötzlich wieder die Stimme: »Bitte fahren Sie sofort zu Ihrer Botschaft zurück!«

Der Botschafter erkundigt sich mit schon etwas erregter klingender Stimme: »Wieso sollte ich das?«

»Dazu kann ich nichts Näheres erklären«, kommt prompt die Antwort. »Ich habe meine Befehle, bitte fahren Sie zu Ihrer Botschaft zurück!«

Unser Fluchthelfer bleibt hart: »Das werde ich nicht! Bitte lassen Sie mich jetzt weiterfahren!

Darauf der Vopo: »Also hören Sie mal ...«

Nun wird unser Fluchthelfer lauter: »Ich bin nicht der Koch der Botschaft, ich bin der Botschafter selbst! Sie wollen mich doch wohl nicht daran hindern, nach Westberlin zu fahren, obwohl mein diplomatischer Status das ausdrücklich erlaubt?«

Dem Kontrolleur ist seine Verunsicherung anzumerken, selbst für mich, der angespannt hinter Mama liegt, die nicht mehr zu atmen scheint:

»Ganz ruhig! Befehl ist Befehl! Bitte fahren Sie hier rechts ran und warten Sie …«

Der Wagen springt an, fährt ein Stück und geht wieder aus.

Oh mein Gott, die lassen uns nicht durch, wir werden alle verhaftet! Das ist das Ende! Wenn wir jetzt zurückfahren, dann folgen die uns doch und sehen uns beim Aussteigen! Was haben wir nur getan?

Ein unverständliches Gebrabbel ist zu hören. Er spricht wohl zu sich selbst. Was genau unser Fluchthelfer da sagt, kann ich nicht verstehen, zumal er Französisch spricht. Ein plötzliches Geräusch, ein Knall in der Nähe unseres Autos! Natürlich denke ich als Erstes an einen Schuss! Aber nichts passiert. Ich drehe mich ein Stück weg von Mama, liege nun auf dem Rücken und starre ins Nichts. Nervös bin ich erstaunlicherweise nicht. Vielleicht eine Art Schockzustand.

Es kommt mir vor, als würde es hier drin ein bisschen heller. Ich versuche mir vorzustellen, wie es draußen aussieht. Wahrscheinlich ist der Checkpoint ausgeleuchtet wie ein Fußballstadion am Abend. Gibt es nun diese Waage? Oder gar das Röntgending? Hoffentlich nicht. Die Nummer mit dem Wegrennen erscheint mir nun ziemlich idiotisch und überhaupt nicht durchführbar. Wenn die Verdacht schöpften, würden sie schön mit entsicherten Kalaschnikows um den Kofferraum herum stehen und ihn dann vorsichtig öffnen. Oder unseren Botschafter öffnen lassen. Denn schließlich könnten wir ja auch bewaffnet sein. Blödsinn, wir sollten vom Erfolg unserer Flucht ausgehen und nicht vom Scheitern, Mama hat recht!

Und Hunde? Ich kann nichts hören. Nun passiert gar nichts mehr, was mag da vor sich gehen? Ist der Grenzer mit dem Diplomatenpass zu seinem Chef gegangen? Prüfen die die Echtheit des Ausweises? Oder telefonieren die mit einer Behörde? Oder der Botschaft?

Ich glaube ja nicht an Gott, aber jetzt wäre ein fabelhafter Moment für ein Stoßgebet. Stattdessen gehe ich im Kopf meinen Motivationstext durch, den ich beim Sport und anderen Wettbewerbssituationen zu murmeln pflege – ein Tipp meiner Mutter, der mir mehr Ruhe und Selbstvertrauen verleihen soll.

Ganz egal, ob ich schlafe oder wache ... ich weiß, dass ich gefördert werde ...
Ganz egal, ob ich schlafe oder wache ...

Neun Mal hintereinander.

Der Grenzer ist endlich zurückgekehrt, er verkündet: »Fahren Sie den Wagen hier weiter rechts ran! Und warten Sie!«

Der Motor geht wieder an und kommt mir dreimal so laut vor wie vorher. Der Wagen bewegt sich kurz und hält erneut.

Rennen Mama und ich wirklich wie besprochen los, wenn die den Kofferraum öffnen? Sollen wir uns wirklich abknallen lassen? Ich muss als Erster aussteigen, sobald der Deckel auf ist. Dann kann Mama keinen Unsinn machen.

Quatsch, wir schaffen das letzte Stück hier auch noch.

Was hätte nicht alles bis hierher schon passieren können? Wir hätten verraten oder einfach angehalten werden können. Oder ein angetrunkener Autofahrer hätte uns nur hinten draufknallen müssen und Ende, aus! Flucht gescheitert wegen eines beschissenen Autounfalls!

Ganz ruhig, Tommy, gleich sind wir durch. Denk an was anderes!

Mit Oma Hedwig saß ich heute Morgen am Frühstückstisch wie immer. Aber ungewöhnlicherweise nahm auch Mama daran teil, die sonst meist länger schlief.

Meine beiden Brüder hatten bereits die Wohnung verlassen. So saßen wir nun zu dritt an dem großen Bauerntisch.

»Du, Mutti«, begann Mama, »Tommy und ich fahren heute Nachmittag mal zu Werner, du weißt schon, zu meinem Grafikerkollegen, auf dessen Datscha bei Berlin. Ich muss ihm da bei was helfen.«

»Zu dem versoffenen Kerl? Na, wenn du meinst ...«

»Ja, wir bleiben wahrscheinlich über Nacht da, also mach dir keine Sorgen, wir sind dann morgen, spätestens aber Sonntag wieder zurück, okay?«

Oma betrachtete mich über den Rand ihrer Brille hinweg, als wolle sie den Wahrheitsgehalt dieser Aussage an meinem Gesichtsausdruck überprüfen. Das Verhältnis von Mutter und Tochter war, wie schon erwähnt, alles andere als herzlich.

»Haste Fahrgeld?«

»Ja, alles paletti, wird sicher ein schönes Wochenende«.

Mama verschwand in ihr Zimmer, und Oma sah mich fragend an.

»Ist das nicht langweilig für dich, wenn die da den ganzen Tag rummalen? Willst du nicht lieber hierbleiben?«

Mir fiel schmerzlich auf, dass ich meine geliebte Oma nun Gott weiß wie lange nicht mehr sehen würde. Also versuchte ich, mir ihren Anblick noch einmal ganz genau einzuprägen. Mein Blick wanderte von ihrem Gesicht an ihrer Schürze entlang hinab zu ihren wunderschönen Händen und wieder zurück zu den wachen blauen Augen, die hinter der riesigen Brille nun ungeduldig auf mich gerichtet waren.

»Nein, die frische Luft wird mir guttun! Du weißt ja, ich hab die ganze Woche in der Werkstatt Dienst in der Knochenküche gehabt, das stinkt abartig da drin. Das Anrühren dieses Holzleims ist echt die Hölle!«

Ich setzte ein Lächeln auf, war aber innerlich völlig unglücklich, sie derart belügen zu müssen. Aber es war besser so, denn wenn sie später befragt wurde, konnte sie reinen Gewissens die Wahrheit sagen.

Als Mama und ich die Wohnung verließen, drückte ich Oma etwas länger als sonst und sog noch einmal ihren Geruch ein – diese unverkennbare Mischung aus Essen, ihrem Lieblingsduft 4711 und dem Haarspray, das sie jeden Morgen in riesigen Mengen auf ihren grauen Haaren verteilte. Ich musste gegen Tränen ankämpfen, drehte schnell ab und ging in den Hausflur. Mama umarmte Oma ebenfalls, was selten genug geschah. Sie drückte ihr einen lauten Schmatzer auf das erstaunte Gesicht und folgte mir.

»Pass mir gut auf die Jungs auf! Dass sie bloß keinen Unsinn machen!«

Oma strich sich verlegen die Schürze glatt und ließ die Tür ins Schloss krachen.

Wir liefen zur Straßenbahnhaltestelle. Ich wollte mich noch einmal umdrehen, doch meine Mutter zischte: »Nicht noch mal umdrehen, das bringt Pech, dann muss man wieder hierher zurück!«

Unser Fahrer ist zu hören: »Merde!«

Das Auto steht und steht. Ich habe in diesen Minuten, die sich wie Monate anfühlen, keine Angst mehr.

Dann nehme ich das Klicken des Blinkers wahr. Wir kommen durch, wir kommen nicht durch, wir kommen durch, wir kommen nicht durch …

Der Blinker verstummt. Das Auto fährt an, ohne dass noch ein einziges Wort gefallen ist.

Fahren wir zurück? Ich halte den Atem an, und Mama streckt den Fuß. Ihr ganzer Körper spannt sich unnatürlich. Ich denke sofort an ihr Herz und hoffe, dass sie jetzt nicht schlapp macht. Atmet sie? Ja.

Für eine gelungene Flucht spricht, dass unser Botschafter keinerlei Warnsignal von sich gibt. Oder haben die Grenzer uns längst entdeckt und ihm wortlos befohlen, keinen Mucks von sich zu geben?

Mama hebt ihren Kopf, als lausche sie, und bleibt eine ganze Weile in dieser Haltung. Ein letztes Mal lege ich ihr beruhigend die Hand auf die Schulter. Sie senkt den Kopf wieder, völlig erschöpft.

Jetzt spüre ich eine unerträgliche Aufregung in mir hochkrabbeln. Ich kann meinen Puls in den Ohren und Schläfen spüren.

Der Wagen hält, und nach einigen Geräuschen, die ich nicht zuordnen kann, öffnet sich der Kofferraum, endlich.

Vorsichtig hilft der Botschafter meiner Mutter aus dem Wagen. Sie kommt auf wackeligen Beinen zu Stehen.

Erst jetzt kann auch ich mich bewegen, erst langsam wird mir klar, dass alles irgendwie vorbei ist. Ich klettere aus dem Kofferraum, strecke meine steifen Glieder und sehe mich um.

»Mensch, Mama, guck mal, da, die Zigarettenwerbung. Sieht doch verdammt nach Westen aus hier!«

Die Stimme, die aus meinem völlig trockenen Mund kommt, klingt fremd.

»Ach Tommy ...« Mama schließt mich kraftlos in die Arme.

Sie kann nicht weitersprechen, zieht den grauhaarigen Afrikaner zu uns heran, und so stehen wir zu dritt da und heulen nicht enden wollende Tränen der Erleichterung.

Ich sehe mich um, kann aber niemanden entdecken. Niemand interessiert sich für uns. Ist uns jemand gefolgt? Blödsinn, wir sind drüben! Unfassbar! Ich setze mich auf die Bordsteinkante, lese an der Ecke das Straßenschild: Kochstraße. Das würde ich ein Leben lang behalten.

Jetzt erst sackt das Erlebte, und ich breche zusammen. Meine Kräfte schwinden völlig, mein Durst- und Hungergefühl wächst zu einer ausgemachten Übelkeit und lässt mich würgen. Dabei habe ich mir Hunderte Male vorgestellt, wie ich nach gelungener Flucht vor Freude ausflippen würde. Aber nun, im Moment des Unfassbaren, hatten wir kaum mehr Kraft, alleine zu stehen. Ich frage den Botschafter, ob er was zu trinken und zu essen hätte, egal was. Er entschuldigt sich umständlich und holt aus dem Wagen eine Flasche Wasser und zwei Tafeln Schokolade. Danach geht es Mama und mir etwas besser.

Nach einiger Zeit steigen Mutter und ich zum Botschafter nach vorne in das Fahrzeug und reisen ab sofort erster Klasse weiter. Mein Hemd riecht nach Kofferraum. Garage. Mama wühlt in ihrer Tasche und steckt sich ihre erste Zigarette in Freiheit an. Ich tue es ihr nach, aber mir wird sofort wieder schlecht. Immer noch laufen uns Tränen übers Gesicht, sobald sich unsere Blicke begegnen. Gott, bin ich froh, dass meine Mutter neben mir sitzt mit dem Gesichtsausdruck eines kleinen Mädchens beim ersten Zoobesuch.

Die Lichter der fremden Welt sausen an uns vorbei, jeder hängt sprachlos seinen Gedanken nach. Wir fahren zur Wohnung unseres Retters am Tempelhofer Damm.

Von der Wohnung des Botschafterfreundes aus telefoniert meine Mutter mit einer Freundin, die uns seit zwei Jahren regelmäßig in Ostberlin besucht hat. Nie war sie bei diesen Besuchen müde geworden, zu betonen, wie schade es doch sei, dass wir im Osten gefangen waren. Meine Mutter hätte doch im Westen eine so herrliche Zukunft vor sich und so weiter und so weiter ...

Und wenn sie jemals in Westberlin sei, dann würde diese Freundin ihr die Welt öffnen. Nun gut, die Frau war Managerin, da musste ja alles stimmen, was sie uns erzählte. Warum sollte sie auch lügen?

Nun aber lässt die gute Frau sich am Telefon verleugnen und ausrichten, sie sei leider gerade in Amerika.

So erhält unsere seit Stunden anhaltende Euphorie ihren ersten, heftigen Dämpfer.

Wohin nun?

Meine Mutter lässt sich ein Telefonbuch geben und wählt eine Nummer. Sie spricht kurz und legt dann auf. Auf meinen fragenden Blick hin erklärt sie: »Tommy, du weißt doch, Oma Hedwig hat vor dem Mauerbau im Hause Künneke gearbeitet. Evelyn und ich haben uns damals ein wenig angefreundet. Sie lebt in der großen Wohnung ihrer Eltern, vielleicht ist da ja Platz für uns. Aber sie ist momentan in Hamburg. Das war eine Freundin von ihr am Apparat ...«

Sie wird vom Klingeln des Telefons unterbrochen. Nach kurzer Gesprächsdauer verkündet sie stolz: »Großer, wir fahren zur Künneke.«

Die Freundin hat kurz mit Evelyn telefoniert, und diese wies sofort an, das Balkonzimmer für uns freizuräumen.

Und so stehen meine Mutter und ich einige Stunden später auf dem Balkon in der Giesebrechtstraße 5, unweit des Kurfürstendamms, und rauchen.

Es ist inzwischen schon fast früher Morgen, und Mama sieht traurig aus.

»Was ist?«, verlange ich zu wissen.

»Ach, weißt du, Michel hätte ja nun wirklich mal auftauchen können. Ich habe vorhin mit ihm telefoniert und ihm die Adresse hier gegeben …«

Um sie etwas aufzuheitern sagte ich: »Guck mal Mama, überall nur Westautos hier in der Straße, es muss wohl Pfingsten sein!«

Wir lachten beide, eher etwas hysterisch, doch so entspannte sich die Situation ein wenig.

Nach einer weiteren Stunde trudelte endlich ihr geliebter Michel ein, und ich lasse die beiden in unserem ersten, provisorischen Zuhause im goldenen Westen allein. Er versucht sich damit zu entschuldigen, dass Muhammad Ali geboxt habe und er sich den Kampf mit Freunden habe ansehen müssen. Ich habe kein gutes Gefühl bei diesem Start der beiden.

Ich übernachte auf der Couch im Esszimmer und werde erst gegen Mittag wach. Magda, die Freundin von Evelyn, hat Frühstück gemacht, und ich haue ordentlich rein. Wir haben ja seit gestern Mittag nichts Richtiges mehr gegessen.

Michel ist bereits wieder verschwunden, und Mama und ich versuchen tapfer, unser neues Leben zu regeln.

In den darauf folgenden Tagen müssen wir wie jeder Flüchtling damals ins Aufnahmelager Marienfelde. Dort wird eine Menge Papiere ausgefüllt, danach beginnt eine Woche mit Verhören. Federführend hierbei sind die Amerikaner. Am ersten Tag fährt uns ein VW Käfer mit einem Fahrer nach Zehlendorf, in die Zentrale der Amerikaner. Als wir die riesige Glasfront durchschreitten, drehe ich mich noch einmal um, sehe auf die Clay Allee und bin verwundert, dass man das Gefühl hat, das Gebäude jederzeit wieder verlassen zu können. Doch dieses Gefühl ist trügerisch, denn die Türen lassen sich von innen nur vom Pförtner öffnen und haben keine Klinken. Meine Mutter und ich werden durch viele Gänge geführt und müssen schließlich vor einer Tür Platz nehmen. Nach einer geraumen Wartezeit öffnet sich die Tür und ein wie ein Hollywoodstar aussehender, groß gewachsener Mann in Zivil nimmt uns in Empfang. Wir betreten ein sehr aufgeräumtes Büro, in dem nichts weiter als ein großer Schreibtisch steht. Der Amerikaner begrüßt uns in einem hervorragenden Deutsch, lächelt charmant meine Mutter an und bittet mich, wieder draußen Platz zu nehmen. Dort warte ich geschlagene vier Stunden. Als Mama den Raum wieder verlässt und wir zum Ausgang geleitet werden, lächelt sie und flüstert mir zu: »Tommy, ich erzähl dir später alles.« Der Fahrer, der uns bereits hier hergefahren hat, fährt uns auch wieder zurück.

Mama berichtet, nein schwärmt nahezu von ihrem Offizier. Er sei so charmant, bestens informiert über die Ostberliner Künstlerkreise und habe sie sogar ein, zwei Mal hinsichtlich der Jahreszahlen ihrer Arbeitsstellen korrigiert. Ich frage, warum man mich nicht auch verhöre.

»Du bist noch minderjährig, hat er gesagt, das bleibt dir erspart.«

Trotzdem fahre ich die nächsten Tage immer mit, wobei die Verhöre, nur vom Mittagessen unterbrochen, schon mal acht Stunden dauern können. Am Ende der Befragungen am letzten Tag darf ich endlich auch in das Zimmer, in dem meine Mutter tagelang Romane hatte erzählen müssen.

Der Mann fragt mich, ob es mir gut gehe, was ich bejahte. Und ob ich Fragen hätte.

»Wieso liegt hier nichts auf dem Schreibtisch? Machen Sie sich keine Notizen?«

»Nein, wir zeichnen alles auf«, gibt er lächelnd zurück.

Dann holt er aus dem Schreibtisch ein Buch, legt es vor uns hin und sagt: »Hier drin sind alle Westberliner, von denen wir wissen, dass sie wissentlich oder unwissentlich Kontakt zur Stasi haben. Also bitte, denken Sie daran, in der ersten Zeit nicht jedem zu trauen. Seien Sie wachsam. Und fahren Sie bitte nie, und ich meine nie, mit den U-Bahnlinien, die durch Ostberlin führen! Die halten da zwar eigentlich nicht, aber es gab Fälle, wo sie angehalten wurden, zwischen zwei Bahnhöfen. Dann mussten die Leute zu Fuß zum nächsten Bahnsteig laufen und wurden kontrolliert, und so hat man schon so manchen Flüchtling verhaftet. Also, aufpassen!«

Ich kann meinen Blick nicht von dem zentimeterdicken Buch vor uns losreißen. So viele? Das kann doch wohl nicht wahr sein.

Schließlich verabschiedet er uns. Nun sind wir anerkannte Flüchtlinge. Die Franzosen und Engländer geben im Lager Marienfelde nur noch ihre Stempel dazu, dann erhalten wir den sogenannten C-Ausweis.

Wir stehen wieder auf dem Balkon und rauchen. Erst jetzt wird mir so richtig klar, was ich verloren habe: alle Freunde, vertraute Wege, Oma, die Jungs, den verrückten Vater …

Aber ich hatte auch etwas gewonnen: Freiheit.

EPILOG

Ich bin jetzt siebenundfünfzig Jahre alt.

Nach der Flucht aus Ostberlin habe ich mir die Welt angesehen, oh ja! Mein Horizont hat sich erweitert, in Afrika, Amerika, Asien und fast ganz Europa. Ich habe große Geschäfte gemacht und bin ein paar Mal pleitegegangen, die ganze Klaviatur der Möglichkeiten, die man in der Freiheit hat. Ich habe zweimal geheiratet, wurde zweimal geschieden, bin ein ewiger Flüchtling geblieben. Sobald jemand anfängt, mir zu sagen, wie ich leben oder was ich machen soll, ziehe ich weiter. Auf diesem Weg habe ich einige Herzen gebrochen. Heute versuche ich, sie zu heilen.

Nun bin ich endlich angekommen und schreibe Bücher. In den letzten vierzig Jahren habe ich »kleine Bücher« geschrieben, Songtexte. Unzählige kleine Geschichten.

Und ich habe drei wunderbare Kinder, Melanie, Nathalie und Daniel. Aufgewachsen in Freiheit, ohne die hässliche Fratze einer Diktatur.

Der Stress der Flucht und die Angst vor dem neuen Leben hatten ein paar hübsche Krankheiten zur Folge. Ich habe Morbus Crohn, mal mehr und mal weniger, und mir versagten die Nieren. Nach der quälenden Zeit der Dialyse bekam ich 2004 auf Mallorca, wo ich seit Jahren lebte, endlich eine Spenderniere. Das gab mir meine Lebensqualität zurück, die Möglichkeit, wieder zu arbeiten. In meinem Pass steht jetzt der Künstlername »Tomas de Niero«, mit »ie« wie Niere, um diesen Neuanfang, der zugleich eine zweite Chance und eine Art Wiedergeburt war, für ewig festzuschreiben. Was für ein Spinner, werden vielleicht einige sagen, aber ich wollte den von schweren Krankheiten heimgesuchten Flüchtling behutsam in die Schatulle der Vergangenheit legen, mit allem nötigen Respekt, und als Tomas de Niero gesunden.

Wahrscheinlich ist das der Preis, den man zu bezahlen hat, wenn man sein Leben riskiert; man gewinnt etwas, in meinem Fall die Freiheit, und man verliert etwas anderes, zum Beispiel die körperliche Gesundheit. Es gibt das eine nicht ohne das andere.

Ich gelte bei meinen Freunden als »unkaputtbar«. Meine positive Einstellung zum Leben ist ungebrochen und der Motor meiner Existenz.

Aber es gab auch Verluste.

Meine geliebte Oma Hedwig verließ diese Welt im Oktober 1984.

Mama heiratete ihren Michel, aber die Ehe hielt nicht lange. Den Brief, der einige Wochen vor unserer Flucht anonym bei der Stasi einging, hatte übrigens die Frau geschrieben, mit der Michel in Westberlin zusammenlebte.

Das, was meine Mutter im Kofferraum gedacht hatte, erzählte sie mir in der Zeit, die sie noch im Goldenen Westen hatte, zehn Jahre, in denen ich sie nie aus den Augen ließ, bevor sie 1985 im Alter von nur einundfünfzig Jahren verstarb. Das Herz, was auch sonst.

Mein Vater starb 2004, in dem Jahr, als ich meine neue Niere bekam. Gearbeitet hat er nicht mehr sehr viel, er hat viel gelesen und noch einmal geheiratet und mir eine weitere Schwester, Tanja, geschenkt.

Der Botschafter wurde wenige Tage nach unserer Flucht nach Afrika zurückbeordert und durfte nie wieder europäischen Boden betreten.

Ein stiller Held, der zwei Menschen mitten im Kalten Krieg die Freiheit ermöglicht hat.

Mein Bruder Peer lebt mit seiner Frau in Berlin; er hat seine Mutter nie wiedergesehen.

Und Dirk, der Tagträumer, wurde im zarten Alter von sechzehn Jahren direkt nach unserer Flucht langsam zum Trinker. Man muss nicht lange nach den Gründen suchen. Nachdem er betrunken schwer gestürzt war, stand ich 1992 an seinem Bett im Krankenhaus und hielt seine Hand. Das Gehirn war tot, von einem Blutgerinnsel zerstört, und nach zwei Tests verstand auch ich, dass es ihn nicht mehr gab, nur noch seinen Körper. Diesmal musste ich eine schwere Entscheidung fällen, so wie damals meine Mutter, und ließ schließlich schweren Herzens und nicht ohne Schuldgefühle die Maschinen abstellen.

Ein hoher Preis für eine einzige Flucht!

Es gab viele geglückte Fluchten, genau 5075. Aber auch all die gescheiterten Fluchtversuche. An der innerdeutschen Grenze starben mindestens 239 Menschen.

Ich hatte Glück und versuche, demütig zu sein.

Die Angst vor dem Tod habe ich im Kofferraum liegen gelassen.

TOMAS DE NIERO flieht 1975 im Alter von 16 Jahren gemeinsam mit seiner Mutter im Kofferraum eines Diplomatenwagens über den Grenzübergang Checkpoint Charlie von Ost- nach Westberlin. Evelyn Künneke nimmt die Flüchtlinge auf, Tomas wird ihr Sekretär, schreibt erste Texte für sie, wird Produzent, veröffentlicht eigene Platten. 2004 versagen seine Nieren, er bekommt ein Spenderorgan und lässt den Künstlernamen Tomas de Niero in seinen Pass eintragen. Tomas de Niero lebt heute auf Mallorca, wo er weiterhin Songs für andere Künstler sowie eigene Bücher und Theaterstücke schreibt.